파스칼의 팡세

기독교를 위한 변증

파스칼의 팡세 기독교를 위한 변증

초판 1쇄 발행 ㅣ 2014년 5월 26일
초판 3쇄 발행 ㅣ 2017년 8월 25일
개정판   ㅣ 2018년 2월 26일

지은이 ㅣ 블레즈 파스칼
옮긴이 ㅣ 조병준
발행인 ㅣ 강영란

편집 ㅣ 김지혜
일러스트 ㅣ 정주영 funnykids@nate.com
마케팅 및 경영지원 ㅣ 이진호

펴낸곳 ㅣ 도서출판 샘솟는기쁨
주소 ㅣ 서울시 충무로 3가 59-9 예림빌딩 402호
전화 ㅣ 경영지원부 (02)517-2045
팩스 ㅣ (02)517-5125(주문)
이메일 ㅣ atfeel@hanmail.net

출판등록 ㅣ 2006년 7월 18일

ISBN 978-89-98003-74-6(03160)

「이 도서의 국립중앙도서관 출판시도서목록(CIP)은 서지정보유통지원시스템
홈페이지(http://seoji.nl.go.kr)와 국가자료공동목록시스템(http://www.nl.go.
kr/kolisnet)에서 이용하실 수 있습니다.(CIP제어번호: CIP2018005002)」

샘솟는
기쁨

ECHOBOOK

7

파스칼의
팡세

기독교를 위한 변증

조병준 옮김

Pensées By Blaise Pascal

· Copyright©A.J.krailsheimer. 1966, 1965
  ISBN -13:978-0-14-04465-6
·이 책에 사용된 성경은 개역개정판 성경입니다. 브랑슈비크판에서 324편 가려뽑아 새번역했습니다.

P E N S É E S

블레즈 파스칼의 약력

팡세, 기독교 변증을 위하여

『팡세(Pensées)』는, 프랑스의 천재 수학자이자 철학자 블레즈 파스칼(Blaise Pascal)이 기독교 변증을 위해 기록한 924편의 단장(短章)들을 모은 것으로, 사후에 편집자에 의해 출간되었다. 팡세는 '생각, 묵상'을 의미한다.

파스칼의 생애 마지막 즈음 병고와 금욕 가운데 기록한 『팡세』는 주변의 몇몇 지인들을 위해 집필되었다. 이는 신실한 신앙인의 간증이며 기독교를 옹호하면서도 철학적인 내용이 풍성하게 드러나 있다.

파스칼의 유명한 말 '인간은 생각하는 갈대'는 인간의 위대함과 하나님 없는 나약한 인간 존재의 비참함을 동시에 뜻한다.

인간의 행복은 무엇으로 결정되는가? 인간이 추구하는 행복은 무엇인가? 인간은 우주 가운데 어떤 존재인가? 인간은 어디로부터 와서 어디로 가는가? 존재에 대해 물음을 가질 때 인간은 스스로의 나약함을 인정하게 된다.

인간은 우주의 무한히 작은 존재인 동시에 우주를 초월하는 위대한 존재다. 이러한 사실은 인간이 스스로 비참함을 깨닫고 하나님을 찾게 한다. 이처럼 파스칼은 하나님 없는 인간의 비참함과 하나님과 함께하는 인간의 행복을 표현함으로써 타락한 인간의 본성을 뛰어 넘어 인간에게 구세주가 있음을 알리며, 그것을 성경이 증명하고 있음을 밝힌다.

『팡세』 최초의 사본은 포르루아얄판[*]이다. 이후 또 다른 5종류의 『팡세』가 출간되었는데 그중 브랑슈비크가 출간한 『팡세』가 초고의 원본과 사본의 단장들을 빠짐없이 수록했다. 오늘날 『팡세』의 인용 번호는 일반적으로 이 브랑슈비크판[**]을 따르고 있다.

원서에서[***] 기독교 변증에 초점을 맞춰 342편을 가려뽑아 새번역하고, 12가지 주제인 죄, 인간, 은혜, 하나님, 예수 그리스도, 믿음, 그리스도교, 교회, 예언, 기적, 성경, 사유로 구분하여 재구성하였다. 팡세는 미완성의 원고인 만큼 중의적 해석이 가능하여 어렵게 읽혀지기도 하나, 거듭 묵상하다보면 파스칼의 본래 의미에 다가가게 될 것이다. 나 역시 그 과정이 경이롭기까지 했다. 주제마다 묵상글을 담은 것은 파스칼의 영적 성찰에 대해 독자들과 함께 나누고자 함이다.

---

* 파스칼 사망 후 출판 위원회가 제1사본에서 명확한 단장들을 추려낸 포르루아얄판 첫 『팡세』를 출간함.

** 브랑슈비크가 출처가 분명한 단장들을 모아 14개의 주제로 분류하여 엮음. 20세기 전반에 널리 유포됨.

*** Blaise Pascal 『Pensées』, Copyright©A.J.krailsheimer. 1966, 1965 ISBN ·13:978·0·14·04465·6

저자에 대하여

수학자이자 철학자, 파스칼의 하나님

파스칼은 39세에 세상을 떠나기 전까지 수학과 물리학, 문학과 신학 등 다양한 분야에서 놀라운 업적을 이루었다. '근대 확률이론'을 창시하고, '파스칼의 원리'*를 체계화한 당대의 위인이었으며, '천재'라는 단어가 그로 인해 생겼다 해도 과언이 아니다.

파스칼은 하나님의 존재를 이성이 아니라 영감으로 체험할 수 있다고 했는데, 이러한 사상은 장 자크 루소와 앙리 베르그송 및 실존주의** 철학에 큰 영향을 끼쳤다.

열아홉 살에 계산기를 발명하다

프랑스 클레르몽(Clermont)에서 정부 관리의 아들로 태어난 파스칼은 3세에 어머니를 여의고, 누나 질베르트의 보살핌을 받으며 자랐다. 여동생 자클린과는 많은 이야기를 나누면서 유년 시절을 보낸다. 8세가 되던 해 그의 가족은 파리로 이사한다.

인정받는 수학자이기도 한 아버지 에티엔은 파리에 온 후 자

---

* 밀폐된 용기 속에 담긴 액체의 균등한 압력 전달 법칙. 자동차, 기압계 등의 분야에서 널리 적용됨.

** 인간 존재와 현실의 의미를 구체적인 모습에서 다시 찾으려는 19세기의 사상운동.

녀 교육에 전념했다. 자클린은 어린 나이에 문단에서 두각을 보였고, 파스칼은 수학에서 천재성을 발휘했다.

16세에 사영기하학에 관한 제라르 데자르그*의 저서를 연구하여『원뿔곡선론』을 완성했는데, 이는 위대한 수학자 르네 데카르트**의 시샘을 받을 만큼 훌륭했다. 19세에는 루앙의 행정관으로 일하게 된 아버지의 세금 계산을 돕기 위한 계산기를 발명하는데, 이 발명으로 큰 명성을 얻게 된다. 이 계산기는 오늘날 컴퓨터의 기초가 되었다.

한때 신앙적 고민에 빠져 얀센주의***에 심취해 있다가 다시 과학 연구에 몰두하면서 갈릴레오와 에반젤리스타 토리첼리****의 이론을 확립하고, 수은 기압계로 파리와 클레르몽페랑*****이 내려다보이는 산꼭대기의 기압을 측정해 대기압에 관한 이론을 검증했다. 이러한 실험 과정 중에 주사기와 유압 프레스를 발명하고, 이후 진공에 관한 논문을 발표하여(1647~48년) 더욱 큰 명성을 얻었다.

그러나 열아홉에 파스칼은 과로로 인해 질병을 얻게 된다. 의사들은 연구를 멈출 것을 권했으나 계속 학문에 몰두하여 수학,

---

과학 분야에 위대한 성과를 남겼다.

회심, 양피지에 기록한 '은혜의 불'

어느 날 파스칼은 도박장으로 가던 길에 마차 사고를 당하고 기적적으로 목숨을 건진다. 1654년 11월 23일이었다. 이 사고를 계기로 그의 가족에게 영적 변화가 일어나는데, 파스칼은 누구보다도 깊은 통찰의 시간을 경험한다.

그는 이미 아버지를 병문안하던 두 사제로부터 종교적 영향을 받아 엄격한 얀센주의의 도덕과 신앙을 지니고 있었으나, 포르루아얄˙의 수도사에게 깊이 영향을 받고 나서 세속주의에서 하나님께로 완전히 돌이켜야 한다고 느꼈다. 가족들에게도 신앙을 권면하여 아버지 에티엔, 여동생 자클린 역시 신앙생활에 헌신한다. 파스칼이 쓴 편지들을 보면, 그는 가족의 정신적 조언자였으나 세속과 금욕 사이에서 내적 혼란을 해결하지 못하고 있었다.

30세에 자책을 하던 파스칼은 어느 날 밤 '은혜의 불'을 체험한다. 성경을 읽던 중 순식간에 황홀경에 빠져든 것이다. 공허함 속에 하나님의 임재가 가득 차오르는 신비한 체험이었다. 그는 이 체험을 새로운 삶의 시작을 가리키는 하나님의 계시로 믿었

˙ 프랑스 시토파 여자 수도원. 13세기부터 얀센주의의 중심지 역할을 해오다가 18세기에 폐쇄됨.

고, 급히 양피지를 가져다가 그 순간의 감동을 기록하였다. 파스칼은 자신이 환한 빛에 압도되었음을 확신했다. 오랫동안 개념적으로 이해했던 하나님 나라를 알게 되었다. 회심한 것이다. 그가 만난 하나님은 아브라함과 이삭과 야곱의 하나님이시며, 바로 인격적으로 만나주시는 파스칼의 하나님이셨다.

그 무렵부터 단장들이 기록되었으며, 이듬해 1월 포르루아얄로 갔지만 은둔생활을 지속하지는 못했다. 파스칼을 널리 알린 『시골 친구에게 쓴 편지(Les Provinciales)』와 『팡세』는 포르루아얄에서 집필되었다. 이후 생을 마칠 때까지 익명으로 여러 주장들을 발표했다.

『시골 친구에게 쓴 편지』의 믿음과 저항

『시골 친구에게 쓴 편지』는 교리 논쟁에 불을 붙인 저서를 발표하여 예수회˙의 적이 된 얀센주의자 앙투안 아르노를 변호하기 위한 것이었다.

이 책에서 파스칼은 예수회의 도덕적 해이를 비난했다. 예수회에 대한 맹렬한 비판은 상류사회와 그리스도교도, 회의주의자들의 견해와도 일치했기 때문에 폭넓은 공감을 얻었다. 영국에

---

* Society of Jesus ㅣ 16세기 성 이그나티우스 데 로욜라가 파리에서 창설한 가톨릭의 남자 수도회.

서는 로마가톨릭교가 국교*를 위협할 때마다 이 책이 폭넓게 읽혀지곤 했다.

예수회가 교회에의 복종을 강조하며 정통성을 옹호하는 반종교개혁을 표방한 반면, 파스칼은 그리스도를 닮아가는 삶을 추구했다. 도덕성과 영성은 분리될 수 없다고 믿었으며, 한 걸음 더 나아가 대상에 따라 이중적인 도덕적 잣대를 적용하거나 강제적으로 권면하는 행위를 비판하면서, 온전한 복음을 위해 그리스도의 삶을 추구하는 자들과 함께 했다.

당시 이러한 의견이 새로운 것은 아니었지만, 하나님을 위해 이기심을 버리고 온전히 순종하는 자, 진실한 자, 진리를 갈망하며 구원을 찾는 자들에게 힘을 실어 주었다. 교황 인노켄티우스 11세는 직접 교리 논쟁에 제시된 명제의 절반을 폐기했는데, 폐기된 명제들은 바로 파스칼이 비판한 것들이었다.

이 책은 그리스도교의 회복을 앞당기는데 결정적인 역할을 했으며, 아르노의 입장(회개하지 않고 영적 교감만으로 죄를 씻으려한 사상에 대해 저항)** 을 강력하게 지지했다.

파스칼은 예수회의 수도사들에 대해 자유롭게 인용하며 조롱하면서도 자신을 중재자의 위치에 두었기 때문에, 그의 사후에

---

* 16세기 종교 개혁후 성립된 영국의 교회, 신교 중 교리가 가장 가톨릭에 가까움.

** 앙투완 아르노, 〈영성체를 자주 행하는 문제에 대하여 De la Fréquente communion〉 (1643년).

포르루아얄은 '교회의 평화'* 에 서명하여 종교 갈등에 잠정적 종지부를 찍을 수 있었다.

『시골 친구에게 쓴 편지』에서 파스칼의 과장되고 장황한 문체는 다양하면서도 간결하고 명확하게 보완되고, 건방지고 신랄하게 조롱하는 투는 영성이 깊어짐에 따라 점차 세련된 문장이 된다. 프랑스 문학 비평의 창시자 니콜라 부알로(Nicolas Boileau)는 당대 독자들의 많은 사랑을 받은 이 작품을 프랑스 근대 산문의 출발점으로 규정했으며, 무신론자인 볼테르(Voltaire)는 프랑스 산문 최초의 걸작이라고 했다.

『팡세』 출간 배경, 기독교에 관한 변증

파스칼은 회심 이후 그리스도교 변증(Apologie de la religion chrétienne)을 위해 단장들을 기록하였으나 완성하지 못했다. 그의 단장들은 사후 편집자에 의해 『팡세』라는 다소 부적절한 이름으로 출간되었다.

사실 파스칼은 하나님을 알고자 하지 않는 자들을 개종하는 데 관심이 없었다. 단장들은 주로 몇몇 지인들을 대상으로 쓰였으며, 파스칼은 방탕한 친구들을 권면하기 위해 그들이 좋아하

---

* 1669년 클레멘스 9세와 타협하여 10년간의 평화가 찾아옴.

는 저자들*로부터 설득력 있는 논거를 찾았다. 회의주의는 도구로 삼을 뿐이었다.

파스칼은 인간을 위대함과 비천함이 뒤섞인 이해할 수 없는 혼합물, 본질적으로 진리와 최고선을 갈망하는 존재이면서도 진리와 최고선에 도달할 수 없는 존재로 보았다. 그는 철학이나 세속주의가 설명하지 못하는 모순을 이처럼 설명할 수 있는 그리스도교가 존경과 사랑을 받을 만하다고 여겼으며, 회의론자들에게는 만약 하나님이 존재하지 않는다면 하나님을 믿는다고 해도 손해 볼 것이 없고, 하나님이 존재한다면 하나님을 믿음으로써 영원한 삶을 얻을 수 있다고 주장했다.

예수께서 인간의 타락한 상태를 알게 하려고 오지 않으셨다면, 피조물인 우리는 조물주를 결코 알지 못했을 것이다. 인간은 오직 예수 그리스도를 통해서만 하나님에게 도달할 수 있다. 파스칼은 사도 바울이 그랬던 것처럼, 예수 그리스도를 원죄 시대를 연 아담 이후, 속죄 시대를 연 제2의 아담으로 여겼다.

근대 신학자들은 인간을 비참하다고 한 동시에 위대하다고 한 파스칼의 두 가지 주장을 함께 활용하려고 애썼다. 영국의 탁월한 설교자 마틴 로이드 존스는 "파스칼은 천재적 재능을 가졌으며, 기독교 역사에 기록될 만한 성령 체험을 한 사람"이라고

* 몽테뉴, 회의론자인 샤롱, 에피쿠로스 학파 철학자 가생디, 영국의 정치 철학자인 홉스.

말했으며, 『팡세』의 영향력은 아우구스티누스의 『고백록』을 능가한다고 해도 과언이 아니라고 했다.

다시 신앙의 품으로 돌아오다

파스칼은 '부조리의 철학'*을 해명하기 위해 자신의 사상을 비롯하여 계시에 관한 일련의 사실들을 분석해야만 했다. 이 분석의 과정에서 그는 인간의 내면에 어떤 피조물로도 채워질 수 없고, 오직 창조주 하나님에 의해서만 채울 수 있는 예수 그리스도가 계시하신 하나님 형상의 빈 방(Vide en forme de Dieu)을 깨닫게 되었다.

그러나 파스칼은 포르루아얄의 지식인들로부터 그들이 집필 중인 『기하학의 요소들(Élements de géogmétrie)』에 대한 자문, 저명한 수학자들로부터 사이클로이드**와 관련한 연구 발표를 권유받는 등 지속적으로 연구에 몰두하지만, 투병 생활을 하면서 인해 신앙의 품에 돌아온다.

병상에서 웨슬리***가 매우 높이 평가한 『개종을 위한 기도(Prayer for conversion)』를 집필하고, 가난한 사람들을 도우며, 금욕적

---

* 인생의 희망적인 의미를 부여하는 주관적 의지와 부정적인 속성을 아는 것 사이에 발생하는 모순.
** 한 원이 미끄러지지 않고 일직선 위를 굴러갈 때, 그 원둘레 위의 한 점이 그리는 곡선의 궤적.
*** Rev.John Wesley | 감리교 운동을 주도하고 창시한 영국의 성직자.

이고 헌신적인 시간을 보낸다. 가끔 〈제문집〉*에 관한 논쟁에 참여했으나 포르루아얄의 수도사들과 의견 차이가 심해져 그들과의 관계는 유지했지만 논쟁에서는 물러난다.

파스칼은 1662년 8월 19일, 질병으로 극심한 고통을 겪다가 숨을 거두었다. 병명은 뇌척수막염으로 추정된다.

---

* 얀센주의의 5가지 명제를 비난한 서류. 교회 당국에서 성사(聖事)를 받기 전에 반드시 서명하도록 함.

파스칼의 회심, 양피지의 기록

1654년 11월 23일 밤, 10시 30분에서 12시 30분 사이에, 파스칼은 하나님의 임재 속에서 무한한 사랑을 체험했다. 요한복음 17장 '예수님의 기도'를 묵상하고 있을 때, 갑자기 불꽃 같은 그리스도의 임재가 방안을 가득 채웠다.

이 체험은 파스칼의 삶을 완전히 바꾸어 놓았다. 그 순간의 감격을 놓칠 새라 종이에 적었고, 다시 양피지에 기록하면서 맨 위에 빛으로 둘러싸인 십자가를 새겼다. 그리고 재킷 안쪽에 그 양피지를 꿰매 8년 동안 늘 몸에 지녔으나 이 기록을 아무에게도 보이지 않고 알리지도 않았다.

파스칼이 죽은 뒤, 최초로 기록한 종이와 양피지를 하인이 발견하였는데, 이것이 유명한 '파스칼의 메모리얼(le memorial)'이다. 양피지의 원본은 남아 있지 않으나, 최초로 기록한 종이는 프랑스 국립도서관에 보관되어 있다.

파스칼이 기록한 내용은 다음과 같다.

기념

은혜의 해, 1654년

11월 23일, 월요일

교황이며 순교자인 클레멘트 1세(Clement I)의 축일

그리고 로마의 순교자 명부에 나타난 성도들의 기일

순교자 크리소고노스(Chrysogonus)와 다른 순교자들의 기일 전야

밤 10시 30분부터 12시 30분 무렵까지

불

아브라함의 하나님, 이삭의 하나님, 야곱의 하나님

철학자와 지식인들의 하나님이 아니다.

확신, 확신, 인식, 감격, 평화

예수 그리스도의 하나님

내 하나님, 곧 너의 하나님.(요 20:17)

어머니의 하나님이 나의 하나님이시니

하나님 외에 세상도 그 무엇도 느껴지지 않는다.

오직 그분만이 복음서에 나타난 길이며

그분을 통해서만 영혼의 위대함을 깨닫는다.

의로우신 아버지여, 세상이 아버지를 알지 못하여도

나는 아버지를 알았사옵고(요 17:25)

기쁨, 기쁨, 기쁨, 기쁨의 눈물

나는 그분에게서 떠나 있었습니다.

생수의 근원되는 나를 버린 것(렘 2:13)

"나의 하나님, 나의 하나님, 어찌하여 나를 버리셨나이까?"(마 27:46)

하나님으로부터 영원히 떠나지 않게 하옵소서.

"영생은 곧 유일하신 참 하나님과 그의 보내신 자 예수 그리스도를 아는 것이니이다"(요 17:3)

예수 그리스도

예수 그리스도

나는 그분에게서 떠나 있었습니다. 도망치고,

거부하고, 십자가에 못 박히게 하였습니다.

이제 더 이상 나를 당신에게서 떠나게 하지 마옵소서.

오직 당신만이 복음의 길로 나를 인도할 수 있습니다.

달콤하고 완전한 버림

예수 그리스도와 나의 인도자에 대한 완전한 순종

이 땅에서 잠시 고난을 받고 누리는 영원한 기쁨

주의 말씀을 잊지 아니하리이다.

아멘.

P E N S É E S

예수 그리스도가
이 땅에 오신 목적

PENSÉES

1 한 남자가 감옥에 있다. 그는 자신에게 판결이 내려졌다는 사실을 모른다. 이제 한 시간 후 그 사실을 알게 될 것이다.

그 한 시간, 그가 판결을 미리 알았다면 번복하기에 충분하다. 그런데 그 시간에 자신의 판결에 대해 아랑곳하지 않고 카드게임을 즐긴다면 그의 태도는 부자연스럽다. 인간이 눈앞에 벌어질 심판을 근심하지 않고 심심풀이로 소일하는 것을 상상할 수 없다. 이야말로 하나님의 손을 무겁게 만든다.

하나님의 존재를 증명하는 것은, 하나님을 찾는 자들의 간구뿐만이 아니라 그를 찾지 않는 자들의 맹목적인 상태이기도 하다. ₂₀₀

2 인간의 적이 하나님과의 관계를 방해하는 정욕인 것과, 제아무리 기름진 땅도 하나님 외에는 진정한 행복이 될 수 없다는 것을 깨닫는 자들이 있다. 그러나 행복이 육체에 있고, 불행은 육체의 정욕을 멀리하는 것이라고 여기는 자는 그 욕망을 채우다가 그렇게 죽기를 바란다.

다만 마음을 다해 하나님을 찾는 자, 하나님과 멀어지는 것이 유일한 고통이기에 하나님께 다가가는 자, 하나님과 멀어지게 하는 적에게 정복당하는 것을 애통해 하는 자에게는 반가운 소식이 있을 것이다.

오직 그들만이 인간을 자유롭게 하시는 하나님을 볼 것이며, 메시아가 약속한 구원과, 사실은 그분이 인간을 적이 아닌 죄로부터 구원하기 위해 오셨다는 사실을 알게 될 것이다.

다윗은 메시아가 적으로부터 백성을 구원하신다는 예언을 애굽에서의 해방으로 여겨졌지만, 적은 애굽이 아닌 죄이므로 이는 육적인 해석에 가깝다. 여기에서 적의 의미는 모호하다. 다른 경우에도 적이 죄의 의미로 쓰였다면 모호하지 않았을 것이다. 그러나 마음으로 느끼는 죄가 적으로 표현될 수 있어도, 육적인 적이 죄와 동일하게 표현될 수는 없다.

모세와 이사야도 다윗처럼 적을 언급했지만, 그들이 다윗과 다르게 적을 의미했다고 확신할 수 있을까? 다니엘은 포로가 된 백성들이 적으로부터 구원받게 하기 위해(단 9), 죄에 대해서 이렇게 기도했다.

> "곧 내가 기도할 때에 이전에 환상 중에 본 그 사람, 가브리엘이 빨리 날라서 저녁 제사를 드릴 때 즈음에 내게 이르더니 내게 가르치며 내게 말하여 이르되 다니엘아 내가 이제 네게 지혜와 총명을 주려고 왔느니라 곧 네가 기도를 시작할 즈음에 명령이 내게 내렸으

므로 이제 네게 알리러 왔느니라 너는 크게 은총을 입은 자라 그런 즉 너는 이 일을 생각하고 그 환상을 깨달을지니라 네 백성과 네 거룩한 성을 위하여 일흔이레를 기한으로 정하였나니 허물이 그치며 죄가 끝나며 죄악이 용서되며 영원한 의가 드러나며 환상과 예언이 응하며 또 지극히 거룩한 이가 기름부음을 받으리라"(단 9:21~24) 692

3 비참함이란, 육신의 정욕, 안목의 정욕, 세상의 자랑이 일으키는 세 가지 불길이 강물처럼 넘쳐 모든 것이 쓸려가 버린 황량하고 저주받은 땅과도 같다!

행복은 이 정욕의 강물을 비켜선 자들에게 있다. 그들은 잠기지도 쓸려가지도 않은 채, 아무런 움직임 없이 견고하게, 낮은 자세로 편안하게 앉아 있다. 그들은 빛보다 먼저 일어서지 않고, 평화로운 휴식을 취한 후 자신을 일으켜 줄 이에게 손을 뻗어 축복의 땅 예루살렘의 문 앞에 견고히 설 것이다. 그곳에서는 교만이 더 이상 그들을 대적하거나 누를 수 없다.

그들은 눈물을 흘리게 될 것이다. 이는 급류에 휩쓸려 썩어 없어질 것을 보기 때문이 아니라 사랑하는 그들의 집, 천국 같은 예루살렘, 오랜 유배기간 동안 끊임없이 그리워하던 고향 땅을 보며 눈물을 흘리게 되는 것이다.

"이는 세상에 있는 모든 것이 육신의 정욕과 안목의 정욕과 이생의

자랑이니"(요일 2:16) <small>458</small>

4 율법은 상징적이었다. <small>647</small>

5 상징

율법과 제사가 진리라면 이는 하나님께 열납되고 미움받지 않는다. 그러나 이것들이 단지 상징이라면 하나님께 열납되더라도 미움을 받는다. 성경에도 이러한 내용이 기록되어 있으며, 또한 율법과 제사는 변하게 될 것이라고 쓰여 있다.

왕권과 제사가 사라지며 새 언약과 율법이 생겨날 것이다. 악한 가르침과 가증스러운 제사는 하나님께서 원하지 않으시지만 율법과 언약과 제사는 영원할 것이고, 왕좌는 우리를 떠나지 않을 것이다. 이는 영원한 왕이 올 것이기 때문이다.

성경 말씀은 현실적인 의미를 갖는가? 그렇지 않다. 그렇다면 상징적인 의미를 갖는가? 역시 그렇지 않다. 성경 말씀은 현실적인 동시에 상징적이다. 현실 가능성을 배제하면, 첫 구절들은 단지 상징만을 이야기하고 있다. 이 모든 구절은 현실이 될 수 없다. 또한 상징만 될 수도 없다. 따라서 성경 말씀은 현실적이라기 보다 상징적인 진술이다.

ㅡ창세 이후로 죽임을 당한 어린 양

"죽임을 당한 어린 양의 생명책에…"(계 13:8)

―영원한 규례

"… 영원한 규례로 삼아 항상 나 여호와께…"(겔 46:14) 685

6 폭정은 질서를 무시하고 모든 것을 지배하려는 욕망에서 비롯된다. 사람은 힘, 아름다움, 감각, 경건과 같은 각 분야의 전문가가 된다.

힘과 아름다움이 서로 지배하려고 다투는 경우가 있다. 그들은 각자 분야가 다르므로 이러한 다툼은 헛되다. 서로 이해하지 못한다고 해서 상대의 영역을 지배하려는 것은 어리석은 일이다. 그 누구도, 힘으로도 할 수 없다. 지식에서도 마찬가지이며 서로 외적인 행동에만 관여할 뿐이다.

폭정. 폭정이란 다른 이의 영역을 차지하려는 것이다. 우리는 서로 다른 가치에 각각 경외를 표한다. 호기심에 대해서는 사랑의 경외, 힘에 대해서는 공포의 경외, 지식에 대해서는 신뢰의 경외를 표한다. 이를 거부하거나 다른 것을 요구하는 것은 잘못이다. 이는 정당하지 못하며 폭력적이다. 다음은 그러한 예다.

"나는 멋있으니 경외 받아야 한다. 나는 강하기 때문에 사랑 받아야 한다. 나는…"

이렇게 말하는 것도 마찬가지다.

인간이 눈앞에 벌어질 심판을 근심하지 않고 심심풀이
로 소일하는 것을 상상할 수 없다.

"그는 강하지 않으니 존경하지 않을 거야. 그는 현명하지 않으니 경외하지 않을 거야." [332]

7 확률적으로도 진리를 찾는 수고를 택하는 것이 낫다. 참 진리에 예배하지 않고 죽는 것은 손해이기 때문이다. 당신은 '내가 예배드리기 원한다면 하나님이 신호를 보냈을 것이다'라고 말하지만 하나님은 이미 신호를 보내셨다. 그러나 당신이 그 신호에 대해 신경쓰지 않았으므로 지금이라도 깨우쳐야 하며, 이는 충분히 가치 있는 일이다. [236]

8 비참하고 힘없는 자를 의지하는 것이 얼마나 부질없는가? 인간은 서로 도움을 줄 수 없기 때문에 결국 홀로 죽는다. 혼자 살아가야 하는데, 화려한 집을 짓는 것이 무슨 의미가 있는가? 주저하지 말고 진리를 찾아 나서라. 그렇지 않는다면 진리보다 평판을 더 중요하게 여기는 것이다. [211]

9 세상에는 세 부류의 사람이 있다. 하나님을 찾고 그분을 섬기는 사람, 하나님을 찾으려고 분주하나 아직 찾지 못한 사람, 하나님을 찾지 못하고 찾으려고도 하지 않는 사람이다. 첫 번째 사람들은 합리적이고 행복하다. 마지막 사람들은 어리석고 불행

하다. 그 중간에 속한 삶은 불행하나 합리적이다. 257

10 당신이 무신론자라면 명확한 사실을 말할 의무가 있는데 영혼이 물질이라고 말하는 것은 명확한 사실이 아니다. 221

11 **아우구스티누스**˚
이성은 순종해야 할 경우라고 판단되지 않으면 결코 순종하지 않으므로 이성이 순종해야 할 경우에 순종하는 것은 당연하다. 270

12 지옥에 있는 자들이 당황하는 일 중 하나는 자기의 이성 때문에 저주받은 자신을 목도하는 것이다. 그들은 그저 자기의 이성에 따라 그리스도교를 비난했을 뿐인데 말이다. 563

13 진리를 사랑하지 않는 자는 대다수가 진리를 부정하며 진리가 논쟁을 불러일으킨다는 이유를 댄다. 그러나 그들의 잘못은 오직 진리도 자비도 인정하지 않는다는 사실이다. 따라서 그들의 말은 변명이 될 수 없다. 261

14 모순은 진리의 빈약한 지표다. 확실한 것에도 모순이 많고,

˚ 초기 기독교 교회의 대표적인 교부(教父). 신과 영혼에 대한 저서 『고백록』이 있다.

오류의 대부분이 모순 없이도 통한다. 따라서 모순은 더 이상 오류의 지표가 아니며, 모순 없는 것이 진리의 지표도 아니다. ₃₈₄

15 원죄는 인간의 눈에는 어리석은 것이나, 그것은 처음부터 그렇게 드러나도록 된 것이다. 따라서 교리의 비이성적인 면을 가지고 비난하지 마라. 이러한 어리석음이 인간의 지혜를 넘어선다.

"하나님의 어리석음이 사람보다 지혜롭고… "(고전 1:25)

어리석음이 없다면 인간의 존재를 설명할 수 있는가? 인간의 전적인 상태가 미세한 부분에 달렸다. 어떻게 인간의 이성이 이것을 깨닫겠는가? 이성에 반하는 내용으로 깨닫기란 결코 쉽지 않으며 이성적인 내용을 제시해도 뒤로 물러나게 할 뿐이다. ₄₄₅

16 정욕은 자연스러운 것이며 제2의 본성이 되었다. 따라서 우리에게는 두 가지 본성이 있는데, 하나는 선하고 하나는 악하다. 하나님은 어디에 계시는가? 그분은 당신이 없는 곳에 거하시지만 하나님의 나라는 당신 가운데 있다. 율법학자여. ₆₆₀

17 죄가 없었을 때 인간의 존엄성은 피조물을 이용하면서 그들을 다스리는 데 있었다. 그러나 오늘날 인간은 피조물로부터 분

리되어 그들에게 복종하게 되었다. 486

부조리에 관한 편지, 그 내용 중에

18 큰아들이 모든 것을 소유하는 것은 부조리하다.
"이보게나, 자네는 산 이쪽에서 태어나지 않았나? 그러니 자네의
큰 형이 모든 것을 갖는 게 마땅하지."
"왜 나를 죽이려 하는 거지?" 291

19 그는 강 저쪽에 살고 있다. 292

20 "왜 나를 죽이려 하는 거지?"
"무슨 소린가? 자네는 강 저쪽에, 나는 이쪽에 살지 않는가?"
"자네가 이쪽에서 살았다면 나는 살인자가 되지만, 저쪽에 살고
있기에 나는 영웅이 되고, 내가 한 일은 의로운 일이 된다네." 293

QT

죄에 대하여

성경 속 창세기 3장의 사건, 즉 아담과 하와가 죄를 범하고 에덴에서 추방당한 사건을 기억한다면 이 세상은 분명 감옥 같은 현실임을 깨달을 것이다. 그러나 더욱 큰 문제는 이 세상을 감옥으로 인식하지 못하는 것이다. 자신이 왜 고통의 바다 속에 던져져 있는지 그 이유를 모른 채 주어진 환경에 잘 적응해 나가기만 하면 된다고 여긴다.

감옥에서 카드게임을 즐기는 죄인의 모습은 바로 이러한 인간의 실존적 모습이다. 밖에서 자신의 형량이 정해지고 있는데 잠시 후 판사가 와서 형량을 선고할 것이라는 사실을 모른 채 시간을 허비하며, 태평하게 소일하는 것이 우리 인간의 모습이다.

성경에서는 죄된된 인간의 현실을 그리며 이 죄인에게 거듭날 기회를 주기 위해 판결문의 취지를 준비하는 재판장이신 하나님을 그리고 있다. 성경은 끊임없이 죄에 대해 말하며, 죄가 어디에서 왔는지,

어떻게 해야 죄로부터 자유로울 수 있는지를 이야기하고 있다.

마지막 날, 심판대 앞에서 우리는 깨닫게 될 것이다. 우리는 심판을 통해서 두 갈래 길 중 하나로 향하게 된다는 사실을. 그리고 재판장이신 하나님이 그동안 우리의 판결을 위해 얼마나 힘든 시간을 보내셨는지를 알게 될 것이다.

또한 우리는 심판을 위해 그분의 변호인 예수 그리스도가 우리에게 오셨고, 그가 하나님의 아들로서 우리 죄를 대신해서 희생당하셨다는 사실을 깨닫게 될 것이다. 죄를 자백하는 순간 우리는 예수 그리스도의 대속함으로 인해 무죄 판결을 받는다.

마지막 순간까지 죄를 깨닫지 못하는 인간에게 영원한 벌의 심판을 내려야만 하는 하나님의 손은 얼마나 무거울 것인가. 감옥 안에 두 부류의 인간이 존재한다는 사실은 예수 그리스도가 이 땅에 오신 목적이기도 하며, 일하시는 하나님을 나타내는 것이기도 하다.

"곧 나의 복음에 이른 바와 같이 하나님이 예수 그리스도로 말미암아 사람들의 은밀한 것을 심판하시는 그 날이라."(롬2:16)

Part 2

인간

 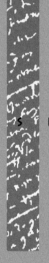 P E N S É E S

생각하는
갈대인가?

PENSÉES

21 하나님 없는 인간의 비참함, 하나님과 함께하는 인간의 행복. 인간의 본성은 타락했다. 본성 자체가 그것을 증명한다. 구세주가 존재한다. 성경이 그것을 증명한다. 60

22 인간은 자연 가운데 가장 연약한 갈대에 불과하다. 그러나 인간은 생각하는 갈대다. 인간을 무너뜨리기 위해 온 우주가 무장할 필요는 없다. 한 방울의 수증기, 한 방울의 물로도 인간을 죽일 수 있다. 그러나 우주가 인간을 짓이긴다고 해도 인간은 살육자보다 귀하다. 인간은 자신의 죽음에 대한 것과 인간을 덮고 있는 우주가 자신보다 강하다는 사실을 깨닫지만 우주는 그렇지 않다. 인간의 존엄은 생각에 존재한다. 회복을 위해서는 채워질 수 없는 시공간이 아닌 생각을 의지해야 한다. 그러므로 생각을 잘하도록 갈망하자. 여기에 도덕의 원리가 있다. 347

23 인간은 태어날 때부터 서로 미워한다. 인간은 가능한 한 공동의 선을 위해 욕망을 사용하지만, 이는 위선이며 왜곡된 사랑

이다. 그 밑바탕에 미움이 깔려 있기 때문이다. 451

24 생각하는 존재의 시작. 도덕성. 하나님이 하늘과 땅을 창조
하셨을 때는 존재가 행복을 깨닫지 못했다. 하나님은 행복을 깨
닫게 하시려고 생각하는 존재를 만드셨다. 그러나 정작 인간은
스스로 깨달을 수 있다는 사실로부터의 행복, 본성적인 정신, 지
속적으로 성장하게 하시는 하나님의 은혜를 알지 못한다. 이러
한 것들을 보고 느낀다면 얼마나 행복할까! 이를 위해서는 지성
과 보편적인 동의를 이끄는 선한 의지를 지녀야 한다.
지혜가 주어질 때, 이를 다른 사람들보다 자신을 위해서만 쓴다
면 결국 스스로를 사랑하기 보다 증오하게 됨으로써 비참해질
것이다. 인간의 기쁨은 의무나 마찬가지로 인간을 사랑하시는
하나님의 손에 달렸기 때문이다. 482

25 인간은 생각하도록 만들어진 존재다. 생각 안에 인간의 모
든 존엄성과 유익이 있다. 또한 인간의 의무는 올바른 생각을 하
는 것이므로 이제 생각의 순서는 자신으로부터 창조주와 인류의
목적으로 나아가야 한다. 그러나 인간은 결코 이러한 생각을 하
지 않는다. 그들은 춤, 류트* 연주, 노래, 시낭송, 유희, 전쟁, 왕권

---

* 16세기경 유럽에서 유행한 현악기. 비파의 일종.

과 같은 것들을 생각하지만 왕이 되려는 목적이나 존재의 의미에 대해서는 생각하지 않는다. 146

26 하나님을 아는 것과 사랑하는 것, 서로 얼마나 먼 거리에 있는가! 280

27 인간의 참 본성. 참 선과 참 도덕. 그리고 참 종교는 분리되어 있지 않다. 442

28 하나님을 생각하려 할 때, 정신을 산만하게 하고 다른 것으로 유혹하는 무언가가 있지 않은가? 이러한 것은 모두 악이고, 인간이 타고난 것이다. 478

29 인간이 하나님을 위해서 창조되지 않았다면 왜 인간은 하나님 안에서만 행복할 수 있는가? 인간이 하나님을 위해서 창조되었다면 왜 인간은 하나님에게 대적하는가? 438

30 인간은 진리를 갈망하면서도 자기 안의 불확실성 외에는 아무것도 발견하지 못하며, 행복을 추구하지만 고뇌와 죽음만을 깨닫는다. 진리와 행복을 추구하면서도 확실한 행복을 얻지는

못한다. 이러한 갈망은 인간이 얼마나 타락한 존재인지를 깨닫게 하기 위해 인간에게 내려진 벌이다. 437

31 인간의 본성은 타락했다. 예수 그리스도가 없는 인간은 사악하고 비열할 뿐이다. 예수 그리스도와 함께하는 인간은 악함과 비참함으로부터 자유롭다. 그 안에 덕과 행복이 있다. 그분을 떠나서는 오직 악과 비참함, 실수, 어둠, 죽음, 절망뿐이다. 546

32 인간이 자기 의지로 원하는 모든 것을 누린다고 해도 결코 만족할 수 없으며 오히려 의지를 포기하는 순간 만족하게 된다. 결국 우리는 의지가 지배하는 동안에는 만족할 수 없고, 의지를 내려놓았을 때 만족할 수 있다. 472

33 경험은 신앙과 선한 행위의 커다란 간극을 보여준다. 496

34 **지체들**
지체, 그곳에서 시작한다. 자기를 향한 향한 사랑을 통제하려면 각 지체는 사고하는 각 지체들을 이루는 몸 전체를 상상함으로써 자신을 사랑하는 방법을 깨닫는다. 474

35 지체가 되는 것은 영혼에 의해 몸을 위해 생명과 움직임을 지니는 것이다. 몸에서 분리되어 자신이 속한 몸 전체를 볼 수 없는 지체는 죽어가는 존재다. 그는 자신을 전체라고 믿으며, 자신이 의지하는 몸 전체가 아닌 자신만을 의지하면서 스스로 중심이 되려 한다. 원칙없는 불확실성 가운데 방황하며 자신이 몸이 아닌 몸의 한 부분임을 깨닫지 못한다.

결국 자신을 알게 되는 순간, 그는 본래 그러했던 것처럼 집으로 돌아와 전체인 몸을 위해 자신을 사랑하고, 과거의 탈선에 대해서 한탄한다. 이기적인 본성을 다스리지 못한다면 다른 어떤 것도 사랑할 수 없다. 누구나 자기 자신을 남보다 먼저 사랑한다. 그러나 지체는 몸을 사랑함으로써 몸 안에, 그리고 몸을 통하여, 몸을 위해서 존재하기 때문에 자신을 사랑한다.

"주와 합하는 자는 한 영이니라"(고전 6:17)

몸은 손을 사랑한다. 손 역시 몸이 손을 사랑하듯이 몸을 사랑하게 될 것이다. 이를 벗어난 사랑은 잘못된 것이다.

"주와 합하는 자는 한 영이니라"(고전 6:17)

인간은 그리스도의 한 지체로서 자신을 사랑하며 그리스도를 사랑한다. 그리스도는 지체이자 존재하는 몸으로써 하나다. 그 하나가 다른 전체 안에 있으니 이는 바로 삼위일체다. 483

세상의 허무함을 모르는 자는
그 자신이 바로 허무다.

36 그리스도인의 어리석음은 하나님의 질서에 의해 인간에게 내려진 벌이다.

“피조물이 허무한 데 굴복하는 것은 자기 뜻이 아니요 오직 굴복하게 하시는 이로 말미암음이라”(롬 8:20)

도마(Thomas)는 야고보서 2장 3절˙ 을 인용하여 부자들만 환대하는 것은 하나님의 질서에 어긋난다고 설명한다. 338

37 **허무**

세상이 허무한 것은 명확하지만 이를 깨닫는 사람은 많지 않고, 권세를 추구하는 것이 어리석다고 말하는 것을 오히려 낯설게 여긴다. 이러한 현상이야말로 기이하다. 161

38 인간의 모습 가운데 모순과 권태와 근심이 나타난다. 127

39 **연약함**

인간은 행복을 추구하고 이를 위해 노력하지만 소유하지는 못한다. 행복에 대한 인간의 욕망은 환상에 가깝다. 인간은 이를 누리고 지켜낼 힘이 없다. 지식에 대한 열망도 마찬가지다. 인간은

＊ 너희가 아름다운 옷을 입은 자를 눈여겨 보고 말하되 여기 좋은 자리에 앉으소서 하고 또 가난한 자에게 말하되 너는 거기 서 있든지 내 발등상 아래에 앉으라 하면(약 2:3)

질병에 걸리면 곧 그 열망을 잃게 된다. 이처럼 인간은 연약하여 진리와 행복을 붙잡을 힘이 없다. 436

40 무기없는 인생은 가치가 없다고 느끼는 호전적인 사람들.*
그들은 평화보다 죽음을 선호한다. 다른 이들은 전쟁보다 죽음을 선호한다. 여론은 생명보다 귀중하게 여겨지기도 하는데 이는 그만큼 강하고 자연스럽다. 156

41 인간은 그저 스쳐 지나가는 마을의 평판에 무관심하지만 그곳에 일정기간 머무르게 되면 신경을 쓰기 시작한다. 얼마나 시간이 걸릴까? 인간의 공허하고 빈약한 인생에 상응하는 시간 정도일 것이다. 149

42 가장 놀라운 사실은, 많은 사람들이 자신의 연약함을 대수롭지 않게 여기는 것이다. 그들이 진지하고 분수에 맞게 행동하는 것은 단지 습관일 뿐이며, 이성적이고 정의롭게 행동하며 잘못된 결과에 대해서 겸손하게 자신의 탓으로 돌리지만, 그 원인이 교만함 때문이라고 생각하지는 않는다.
자기자신을 연약한 존재로 인정하지 않고 지혜로움을 타고났다

＊몽테뉴『수상록』중에서

고 여기는 이들이 회의론자가 아닌 것은 회의론자들에게 이득이다. 만일 이들 중에 누군가 자신을 회의론자라고 한다면 회의론자들은 잘못을 범한 것이기 때문이다. ₃₇₄

43 회의론자는 지지자들보다 적들로 인해 더욱 강해진다. 인간의 연약함은 이를 깨닫는 사람들보다 깨닫지 못하는 사람들을 통해서 더욱 명백하게 드러나기 때문이다. ₃₇₆

44 신발굽을 보면서 "멋진 모양이군!", "뛰어난 솜씨네!"라고 입에 침이 마르도록 하는 칭찬이나 "저 친구는 정말 용감한 병사일세!"라고 하는 격려가 기호를 결정하고 직업을 선택하게 한다. "저분은 술을 참 많이 드시는군요! 이분은 술을 많이 안 드시네요!"라고 하는 표현은 대주가나 절주가, 용사 또는 겁쟁이를 결정한다. ₁₁₇

45 세상의 허무함을 모르는 자는 그 자신이 바로 허무다. 삶이 변화무쌍하며 미래를 향한 생각으로 꽉 찬 청년들을 제외하고 누가 허무를 모르겠는가? 그러나 청년들 역시 유희가 없어지면 인내의 한계를 느끼고, 허무를 알게 될 것이다. 유희가 사라진 후에 느끼는 허무와 우울은 그보다 더 비참할 수가 없다. ₁₆₄

46 인간은 은혜로만 극복할 수 있는 천성적 결함으로 가득한 존재다. 그를 둘러싼 모든 것이 그를 혼미하게 할 뿐이다. 진리를 알게 하는 이성과 감각이 둘 다 진실성이 결여된 채 서로 얽혀 있다. 감각은 거짓된 모습으로 이성을 기만하고, 이성도 같은 방법으로 감각을 기만한다. 이들은 서로 기만한다. 욕망은 감각을 흐트러지게 하고 거짓된 이미지를 만들어 낸다. 이들은 거짓과 기만으로 서로 다툰다. 이 두 속성의 간극으로 야기되는 실패들은 따로 하고… 83

47 허무. 사랑의 원인과 결과. 클레오파트라의 코. 163

48 짐승에게 절하고 제사 지내는 인간의 비열함. 429

49 삶의 순간이 전과 후의 영원에 흡수되고, 나그네가 서 있는 작은 공간처럼 내가 모르고 나를 모르는 공간의 무한한 깊이 속에 빠져들어 지금 이곳에 존재한다는 사실이 놀랍고 두렵다.
내가 저곳이 아닌 이곳, 그때가 아닌 지금 존재하는 이유가 무엇인가? 누가 나를 여기 데려다 놓았는가? 누구의 명령과 행위로 이 시공간이 나에게 주어졌는가? 205

50 인간의 처지가 행복하다면, 행복에 대해 생각해 볼 필요가 없었을 것이다. 165b

51 유희

인간이 행복하다면, 유희에 그렇게 시간을 허비하지 않았을 것이다. 성인(聖人)이나 하나님도 마찬가지일 것이다. 그렇다. 그러나 유희를 통해서 인간이 즐거움을 얻을 수 있는가? 그렇지 않다. 유희의 즐거움은 외부적이며 인간이 이에 의존하게 되므로, 예측 불가한 상황에서 더 많은 고뇌를 안길 수 있다. 170

52 모순

교만함은 비참함에 대한 균형을 잡아 준다. 인간은 자신의 비참함을 감추거나 드러낼 때 스스로 깨닫고 있다는 점을 자랑스러워한다. 405

53 자기 자신을 알아야 한다. 이는 진리를 발견하는 데 도움이 되지 않더라도 인생을 사는 데 있어서는 자기 자신을 아는 것만큼 도움이 되는 것이 없다. 66

54 교만

호기심은 허영이다. 무언가에 대해 알고자 하는 것은 대부분 이야기하기 위해서다. 이야기하기 위해서가 아니라 단지 보고 즐기기 위할 뿐이라면 인간은 바다를 항해하지 않을 것이다. [152]

55 인간을 묘사한다면 타인에게 의존하면서도 독립을 꿈꾸며 항상 무언가에 결핍을 느끼는 존재라고나 할까? [126]

56 집착하던 일을 포기하는 것이 얼마나 괴로운가? 행복한 가족이 있는 남자가 며칠간 여인의 유혹에 빠져들거나 도박으로 즐겁게 시간을 보내다가 이전에 하던 일들로 돌아가는 것을 몹시 유감스러워한다. 이런 일이 매일 일어난다. [128]

57 A.P.R.* 불가해성을 설명한 이후에 쓰기 시작한 것

인간의 위대함과 비참함은 너무나 뚜렷하기에 참된 종교라면 반드시 인간에게 위대함과 비참함의 대원칙을 가르쳐야만 한다. 그 놀라운 모순에 관해서도 마찬가지다.

인간의 행복을 위해 하나님이 존재하신다. 참된 축복은 오직 그분 안에 거하는 것이고, 그분으로부터 멀어질 때 고통 속에 빠진

---

* A Por Royal의 약자. 파스칼이 포르투아얄에서 행한 그리스도교 변증론 강연.

다. 또한 하나님을 알고 사랑하여 순종하는 인간을 어둠이 가로막고, 정욕이 방황하게 하며, 불의로 가득 채우려고 한다는 사실을 그들에게 알려야 한다.

참된 종교는 인간이 하나님을 거슬러 자기 유익을 찾으려 하는 이유와 그 연약함을 치유하는 방법도 알려주어야 한다.

모든 종교 중에 그리스도교 외에 이러한 것을 알려줄 수 있는 종교가 있는지 살펴보라. 철학자들은 선(善) 외에 무엇을 가르쳐 주는가? 연약함을 치유하는 방법을 발견했는가? 인간을 하나님과 동등하게 놓는 것이 그들의 치료제인가? 우리가 짐승같이 여기는 자, 이 땅의 쾌락을 영원한 행복이라고 가르치는 이교도들 역시 정욕을 치유했는가?

어떤 종교가 교만과 정욕을 치유하는 법을 가르칠 수 있는가? 다시 말해 어떤 종교가 참된 선, 의무, 방황하는 연약함, 이 연약함의 근원과 치유 방법을 가르쳐 주는가? 그리스도교 외에 그 어떤 종교도 성공하지 못했다. 이제 하나님의 지혜가 행하실 것을 살펴보자.

하나님께서 말씀하신다.

"인간들이여, 사람에게서 진리나 위로를 기대하지 마라. 내가 너희를 창조하였고, 너희의 존재에 대해 가르칠 자는 오직 나뿐이다. 그러나 너희는 더 이상 창조의 상태에 있지 않다. 나는 너희를 거룩하고 순전하게 만들어, 빛과 지식을 불어 넣고 나의 영광과 기적을 보여주었다. 너희는 나 하나님의 위대함을 볼 수 있었다. 그때에는 지금과 같이 너희가 어둠 속에 있지 않았다. 너희를 괴롭히는 비참함과 죽음도 없었다. 그러나 너희가 교만에 빠져 그 영광을 지키지 못하고 자기 중심적인 존재가 되어 나의 도움을 뿌리쳤다. 너희 스스로 행복을 찾고자 나의 법을 버리고, 나와 동등한 모습을 취하려 했기 때문에 나는 너희를 버렸다.

나는 피조물을 격분시켜 너희를 대적하게 했다. 오늘날 너희 인간들은 짐승 같이 되었다. 너희는 나에게서 멀어져 창조주를 잊었고, 이제 희미하게 점멸하는 죽음 같은 지식만 남았다. 너희의 감각은 이성으로부터 분리되고 때로는 감각이 이성을 지배하며, 이성은 쾌락을 추구한다. 전 피조물이 감각을 억누르거나 유혹하며 더욱 끔찍하고 해로운 굴레가 되었다."

이것이 오늘날 인간의 상태다. 인간은 본성적으로 행복을 추구하려 하지만 정욕으로 인해 비참함에 빠지게 되었고, 비참함은 결국 제2의 본성이 되었다. 이로부터 인류에 큰 영향을 끼친 여러 사상적 오류들이 나오게 되었다. 위대함과 영광의 원동력은 통제할 수 없이 많은 비참함을 경험하는 것이다. 이것이 제2의

인간은 본성적으로 행복을 추구하려 하지만,
정욕으로 인해 비참함에 빠지게 되었고, 비참함은 결국
제2의 본성이 되었다.

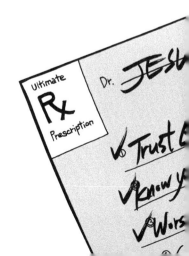

본성에 의해 불가피하게 생겨난 것인지를 보라.

A.P.R. 내일을 위해. 의인화

"인간들이여, 비참함을 치유하는 방법을 스스로 찾는 일이 헛됨을
알라. 이성은 너희가 스스로 진리나 행복을 찾을 수 없다는 사실을
깨닫게 할 뿐이다. 철학자들은 약속을 하고도 지키지 못했다. 그들
은 인간의 참된 행복, 참된 상태가 무엇인지 모른다. 어떻게 타인에
게 자기도 모르는 고통에 대한 치료제를 처방해 줄 수 있는가?

인간의 가장 큰 질병은 교만과 정욕이다. 너희는 최소한 이 질병 중
의 하나에 기여했다. 목적으로서의 나를 보여주었지만, 이는 너희
의 교만을 더욱 드러나게 할 뿐이었다. 너희는 스스로 나를 닮았고
나와 같은 본성을 가졌다고 여겼다. 반면 이러한 거짓의 이면을 깨
달은 자들은 자기 본성을 짐승과 같은 것으로 여기고, 짐승처럼 정
욕을 통해 행복을 추구하려는 유혹에 빠진다.

이는 치유를 도와야 할 지혜들이 인간 내면의 불의를 깨닫지 못
하기 때문이다. 오직 나만이 너희 존재에 대해 깨달음을 줄 수 있
다. 나는 맹목적인 믿음을 요구하지 않는다."

아담, 예수 그리스도.

인간이 하나님과 연합한다면 본성이 아닌 은혜로 인함이다. 인

간이 겸손해진다면 본성이 아닌 회개로 인함이다. 인간은 이미 태초에 만들어진 모습대로가 아니다. 이러한 이중성이 드러나므로 그들은 깨닫지 않을 수 없다. 스스로 원동력을 좇아 자신을 관찰함으로써 내면의 이중적 본성을 살펴야 한다.

하나의 주체 안에 많은 모순들이 발견될 수 있는가? 불가해성, 이해할 수 없는 것들이 언제나 존재한다. 무한 수, 무한 공간은 유한 공간과 같다. 하나님이 인간과 연합하려 하심을 믿기 힘든 이유는 인간의 사악함을 깨닫는 데 있다.

정말 믿는다면 가능한 한 좇으라. 그리고 인간에게 이토록 사악한 것이 남아 있음을 깨달으라. 하나님의 은혜를 추측하는 인간의 사악함이 하나님에게 도달하지 못하게 하는지 살펴라.

도대체 어떤 권리로서 짐승 같은 존재인 인간이 스스로 연약함을 깨닫고, 하나님의 은혜를 측량하며, 이를 상상하고 기억하는지 알 수 없다. 우리는 하나님이 어떤 분이신지, 우리 자신이 누구인지도 모르고 있다. 어떤 인간은 하나님이 인간과 영적 교감을 할 수 없다고 진지하게 생각한다.

나는 그에게 묻고 싶다. 하나님께서 그분 자신을 알고 사랑하는 것 외에 다른 무엇을 요구하신 적이 있는지, 도대체 무슨 이유로 우리가 하나님을 알고 사랑하는 것이 불가능하다고 말하는지.

인간은 태어날 때부터 무언가를 알고 사랑할 수 있다. 적어도 자신이 인간으로서 존재하며, 어떠한 대상을 사랑할 수 있다는 사실도 안다. 어둠 가운데 무언가를 발견하듯 세상 가운데 사랑할 대상을 발견한다면 더불어 하나님이 그에게 근원적인 빛을 비춰 주신다면, 인간과의 교제를 기뻐하시는 하나님을 사랑하지 않을 수 있겠는가?

이와 같은 논쟁은 겸손에서 비롯된 듯하지만 걷잡을 수 없는 교만이 숨어 있다. 이런 종류의 겸손은 진실하지도 않고 올바르지도 않다. 인간은 자기 존재에 관해 스스로 깨달을 수 없으며 오직 하나님을 통해서만 깨닫게 된다.

"너희가 맹목적으로 나를 믿기를 원하지 않는다. 나는 강압적인 복종도 원하지 않으며, 모든 것을 설명하지도 않으려 한다. 단지 이러한 모순을 완화하기 위해, 나는 너희가 나의 존재를 확신할 수 있도록 내 안의 증거들을 명확하게 보여주겠다. 또한 너희가 결코 부정할 수 없는 기적과 증거들로 나의 권위를 세우겠다. 그러면 너희가 부정할 만한 이유를 찾지 못하고 나의 가르침을 믿게 될 것이다. 이로써 너희는 스스로 진리를 분별할 수 없음을 깨달을 것이다."

하나님은 인간을 구속하시며, 이를 간구하는 자에게 구원의 길을 열어 주려고 하신다. 하지만 인간은 하나님께서 주신 바른 것들을 부정하고 무익하게 하여, 하나님께서 그에게 값없이 베푸시려던 은혜를 강곽하게 밀어냈다.

하나님께서 이 완강한 자들을 넘어지게 하고자 하신다면, 마지막 날에 하늘과 땅이 진동하게 하시며, 천둥 번개 속에 죽은 자를 일어나게 하시고, 눈 먼 자가 눈을 뜨게 하셔서 하나님이 진리되심을 결코 의심할 수 없도록 그분 자신을 계시하셨을 것이다. 하나님은 자비롭게 나타나지 않으신다. 다수가 하나님의 그 인자함을 거부했기에, 그분은 그들이 원하지 않는 행복을 주려고 하지 않으셨고, 모든 사람이 절대적으로 믿을 수 있는 방법을 사용하지 않으셨다. 반면 진정으로 하나님을 갈망하는 자들에게까지 감추는 것은 옳지 않기에, 이들에게 만큼은 그분 자신을 완벽하게 알리려고 하신다.

하나님은 진실로 그분을 구하는 자들에게 친히 다가가 표적을 보이려고 하시지만, 그분을 구하지 않는 자들에게는 감추셔서 하나님을 아는 지식에 차별을 두셨다.

'그분을 만나기 원하는 자들에게는 충만한 빛이 있고 그분을 만나지 않으려는 자들에게는 어둠이 가득하다.' 430

58 인간은 스스로 하나님과 교제할 가치가 없는 존재로 여기는데, 이런 사고를 한다는 자체가 그의 위대함을 나타낸다. 511

59 모순의 근원. 예수님은 십자가 죽음을 맞기 전까지 굴욕을 당하셨다. 예수 그리스도의 두 본성, 두 번의 오심. 인간의 두 본성. 메시아는 죽음으로 죽음을 이기고 승리하셨다. 765

60 **상징**

유대인과 애굽인은 모세가 만난 두 인물에 의해 명백하게 예언되었다. 유대인을 학대한 애굽인. 모세는 유대인을 위한 복수로 애굽인을 살해한다. 유대인은 그 은혜를 잊는다.(출 2:11~14) 657

61 참된 그리스도인같이 행복한 존재는 없다. 이렇게 이성적이고 도덕적이며 사랑스러운 존재는 그 어디에도 없다. 541

62 그리스도인은 자신이 하나님과 연합하는 존재임을 알면서도 얼마나 겸손한가. 또한 자신이 땅의 벌레와도 같은 존재라고 여기지만 얼마나 당당한가. 또한 생명과 죽음, 선과 악을 받아들이는 태도는 얼마나 멋진가. 538

63 오직 하나님만 사랑하고 자신을 부인해야 한다. 만일 발이 몸에 속하여 의지하고 있는 존재임을 깨닫지 못하고, 자신만 생각하며 살아가다가 몸을 발견한다면, 그에게 생명을 준 몸에게

무익했던 그동안의 삶이 얼마나 후회스럽고 부끄러울까? 자기를 몸에서 끊어버리고 싶을 것이다. 그러나 몸이 그것을 어떻게 견딜 수 있으며, 몸을 주관하는 의지 또한 이를 참을 수 있을까? 몸의 일부로서 존재하려면 지체는 몸을 위해 기꺼이 자신을 희생해야 한다. 몸은 지체가 존재하는 목적이기 때문이다. 모든 것은 오직 전체를 위하여 존재한다. 476

64 어떤 사람들은 '기적을 보았다면 회심했을 텐데'라고 말한다. 어떻게 자신이 모르는 것을 행할 수 있다고 확신할 수 있을까? 그들은 회심을 멋대로 상상할 수 있는 거래나 대화와 같다고 여긴다. 참된 회개는 인간을 난처하게 할 수 있다. 이는 그를 한순간에 파괴할 수도 있는 완전한 존재 앞에서 자신을 부정함으로 이루어진다.

회심은, 인간이 하나님 없이 아무것도 아닌 존재라는 것과 그분의 질책 외에 그 무엇도 받을 자격이 없는 존재라는 것을 깨닫는 것이다. 하나님과 인간 사이에는 넘어서기 힘든 대립의 벽이 있기 때문에 하나님과 인간 사이에 교제가 이루어지려면 반드시 중보자가 필요하다는 사실에 참된 회심의 뜻이 담겨 있다. 470

유대인을 학대한 애굽인. 모세는 그를 복수하기 위해 애굽인을 살해한다.
유대인은 그 은혜를 잊는다.

65 인간의 위대함

인간은 자신의 영혼이 대단히 위대하다고 여기므로 존경받지 못하거나 경멸당하는 것을 견디지 못한다. 인간의 행복은 이처럼 영혼을 존경하는 정도에 달려 있다. [400]

66 비참함

솔로몬과 욥은 인간의 비참함을 누구보다 잘 알고 잘 대변한다. 한 사람은 가장 행복한 모습으로, 다른 한 사람은 가장 불행한 모습으로. 전자는 쾌락의 허무함을, 후자는 고통의 현실을 이야기하고 있다. [174]

67 클레오파트라의 코. 그녀의 코가 조금만 낮았어도 세상이 달라졌을 것이다. [162]

68 비참함

비참함을 위로하는 유일한 것은 유희지만, 유희는 가장 큰 비참함이기도 하다. 유희는 인간이 스스로 생각하지 못하게 하고, 그 존재의 파멸을 느끼지 못하도록 방해한다. 유희가 사라지면 권태를 느끼지만, 권태는 인간으로 하여금 보다 확실한 탈출구를 찾게 한다. 반면, 유희는 잠시 동안만 즐거움을 주다가 서서히

죽음에 이르게 한다. 171

69 많은 사람들이 사형선고를 받고 쇠사슬에 묶여 있는 것을 상상해 보라. 그들은 날마다 타인의 목전에서 죽음을 맞는다. 아직 남아 있는 자들은 죽어가는 동료들로 인해 자신의 처지를 돌아보게 된다. 그들은 서로를 지켜보며 비통과 절망에 빠져 자신의 차례만 기다리고 있다. 이것이 인간의 상태다. 199

70 모든 것이 명백하게 인간의 상태를 알려주지만 오해가 없어야 할 부분이 있다. 하나님께서는 모든 것을 계시하시지도 감추시지도 않는다는 사실이다. 다만 진실은, 하나님은 그분을 시험하려는 자들에게서 숨고, 그분을 구하는 자들에게는 나타나신다는 것이다. 인간은 하나님에게 무익한 존재인 동시에 가능성의 존재다. 타락으로 무익한 존재가 되었으나 또한 태초의 모습으로 회복이 가능하기 때문이다. 557

71 세상의 어둠 속에 있는 인간의 무가치함을 무엇으로 결론지을 수 있을까? 558

72 어둠이 없었다면 인간은 타락을 깨닫지 못하고, 빛이 없었

다면 인간은 구원을 소망할 수 없었을 것이다. 하나님이 부분적으로 감추시고 부분적으로 계시하시는 것이 인간에게 유익한 일이다. 또한 자기의 비참함을 깨닫지 못하고 하나님을 아는 것과 비참함을 깨닫고 하나님을 모르는 것, 둘 다 위험하다. 586

73 하나님의 표적이 한 번도 나타나지 않은 경우, 영원에 대한 증거가 결여된 이 상태는 두 가지를 의미하게 된다. 한 가지는 인간이 하나님을 알 가치가 없는 존재라는 것, 다른 한 가지는 하나님이 존재하시지 않는다는 것이다. 그러나 하나님의 표적이 가끔 나타났다는 것은 이러한 복잡한 의미들을 정리해 준다. 만약 하나님의 표적이 한 번이라도 나타났다면, 이는 영원한 하나님의 존재를 증거한다. 결론지을 수 있는 것은 유일하신 하나님의 존재와 하나님을 알 가치가 없는 인간의 존재다. 559

74 세상에는 두 종류의 인간이 존재한다. 한 종류는 스스로 죄인이라고 느끼는 의인, 다른 하나는 스스로 의인이라고 느끼는 죄인. 534

75 오직 참된 덕은 자신을 부끄러워하는 것과(정욕으로 인해 가증스런 존재가 되었기 때문에) 진심으로 사랑할 대상을 찾는

것이다. 인간은 자기 자신 밖에 사랑할 줄 모르기 때문에 외부에 있는 대상을 사랑해야 한다. 이는 모든 인간에게 해당하는 진리다. 그 대상은 보편적인 것에서 찾아야 한다. 하나님 나라, 천국과 선함은 우리 안에 있다. 이 두 가지는 자기 자신이면서 자기 자신이 아니다. 485

76 믿음없는 자가 불행을 느끼는 모습을 통해 하나님께서 그들로부터 빛을 가리셨음을 알 수 있다. 또한 그들을 통해 맹목적인 인간을 만드신 하나님의 존재를 알 수 있다. 202

77 인간은 천사도 아니고 짐승도 아니다. 그런데 불행하게도 인간은 천사와 같아지려다가 오히려 짐승과 같아진다. 358

78 회의론에는 진리가 있다. 인간은 예수 그리스도 이전에는 자신이 어떤 상태에 있는지, 자신의 존재가 큰지 작은지도 알지 못했다. 존재에 대해 언급한 이들은 근거없는 추측을 한 것에 불과했다. 실상 인간은 늘 서로를 배척하며 그릇된 행동을 해 오고 있다.

"…너희가 알지 못하고 위하는 그것을 내가 너희에게 알게 하리라"

(행 17:23) 432

79 고뇌로 인해 존재의 비참함을 깨닫게 된다. 인간은 그 비참함으로 인해 유희를 필요로 하게 된다. ₁₆₇

80 인간은 그리스도교를 경멸하고 그것이 진리가 되는 것을 두려워한다. 이를 극복하려면, 먼저 그리스도교가 이성에 부합하며 경외하고 존경할 만한 것임을 보여야 한다. 이로써 그리스도교가 매력적으로 느껴지게 하고, 선한 이들을 통해 그 진실됨을 알게 하며, 실재하는 것들을 보여주어야 한다. 그리스도교는 인간의 본성을 진실로 잘 이해하기 때문에 경외할 만하며, 이는 인간의 참된 행복을 약속하므로 매력적이다. [187]

81 인간의 상태, 순교자의 상태조차 성경에 의하면 두려운 상태다. 죽음 이후에 가장 두려운 것은 심판이 유보된 상태로 남아 있는 것이다.

"…진실로 주는 스스로 숨어 계시는 하나님이시니이다"(사 45:15) [518]

QT

인간, 창조하시다

"인간은 생각하는 갈대다."

어떻게 인간을 이처럼 절묘하게 표현할 수 있을까? 절대자의 구원을 바라면서 자신의 존재에 대해서 알지 못하는 인간을 파스칼은 '생각하는 갈대'에 비유했다.

갈대는 세상에 존재하는 가장 연약한 생물로 비유된다. 한 자리에 뿌리를 내린 채 작은 외부의 힘, 가벼운 바람에도 흔들리거나 쓰러지는 존재, 인간의 모습은 이런 갈대를 닮았다.

인간은 하루에도 수만 가지 생각을 하고 천국과 지옥을 오르내리는 듯한 감정을 느낀다. 기쁨과 슬픔, 사랑과 미움, 증오와 연민, 비참함과 위대함, 오만과 겸손, 권태와 분주함을 오가는 가운데 진정한 자아를 찾아 헤맨다. 이것이 바로 인간이란 존재다.

"누가 나를 이곳에 보냈는가?"라고 한 파스칼의 질문처럼 인간은 자신이 마치 나그네처럼 낯선 시공간 속에서 저곳 아닌 이곳, 그때 아닌 지금 존재하는 이유를 알지 못한다. 여기에 거대한 반전이 따르는데 바로 연약한 존재가 '생각'을 한다는 것이다. 도대체 누가 생각하는 존재를 만들었는가?

창조주 하나님은 피조물이 창조의 기쁨을 함께 누릴 수 있게 하기 위해 생각할 수 있는 존재를 만드셨다. 생기를 불어넣어 하나님 자신과 닮은 존재를 창조하신 것이다. 하나님은 그를 '아담'이라고 이름을 지으시고, 그와 더불어 피조물 가운데서 즐거워하셨다.

인간은 아담의 원죄로 인해 슬픈 역사를 갖게 된 동시에, 창조주의 구원을 향해 손을 뻗는 희망의 역사를 지니게 되었다.

"여호와 하나님이 땅의 흙으로 사람을 지으시고 생기를 그 코에 불어넣으시니 사람이 생령이 되니라"(창2:7)

Part **3**

은혜

P E N S É E S

관계를
회복하기 위하여

PENSÉES

82 거룩

"…내가 내 영을 만민에게 부어 주리니…"(요엘 2:28)

온 민족이 불신앙과 정욕으로 헤매다가 온 땅이 사랑으로 뜨거워졌다. 왕들은 지위를 내려놓고 처녀들은 순결한 죽음을 택했다. 이 힘이 어디서 나오는 것일까? 바로 메시아로부터 나온다. 이는 메시아가 오심의 징표이며 결과다. 772

83 하나님께서 감추신 것들에 대해 불평하기 보다 나타내신 것들에 감사해야 할 것이다. 소위 '지혜자'라고 자칭하는 사람들(교만으로 가득하여 거룩하신 하나님을 아는 일조차 무익하게 생각하는 이들)에게 그분 자신을 감추신 것 또한 감사할 일이다. 하나님을 아는 인간은 두 종류다. 한 종류는 자신의 지적 수준에 상관없이 겸손하고 낮은 자세로 사랑을 실천하는 사람들, 다른 한 종류는 어떤 반대가 있다고 하더라도 진리를 바라볼 수 있는 지혜로운 사람들이다. 288

84 하나님은 온화하게 모든 일을 처리하심으로써 신앙이 이성에 의해 정신 속에, 은혜로 인해 마음속에 자라도록 하셨다. 반면 이를 억지로 하게 하려는 것은 신앙이 아닌 공포다. 185

85 세상은 하나님의 은혜와 심판을 실현하기 위해 존재하는 곳이다. 인간은 하나님의 피조물로 존재하는 것이 아니라, 그분을 대적하려고 하나 하나님은 그분을 갈망하고 따르려 하는 자에게 대적하던 길을 돌이키기에 충분한 빛을 은혜로 주신다. 그러나 그분을 갈망하고 따르지 않는 자에게는 그에 합당한 심판이 기다리고 있다. 584

86 상징
구세주, 아버지, 제사, 희생, 양식, 왕, 지혜자, 입법자, 수난자, 빈자(貧者), 한 백성을 만드신 분, 이 백성을 양육하여 그의 땅에 인도할 분.

예수 그리스도, 그분의 직무
그분은 홀로 택하심을 받아 한 위대한 민족을 세워 거룩하게 하시고, 그 민족을 양육하고 평안의 땅으로 인도하여 하나님 앞에 의롭게 하셨다. 또한 자신이 하나님의 성전이 됨으로써 그들을 하나님과 화목하게 하셨으며, 그들을 지배하는 죄의 굴레를 벗겨 하나님의 진노로부터 구하시고, 법을 주시고, 이를 지키게 하셨다. 그분은 스스로 희생제물이 되셨다. 또한 흠 없는 제물로서 제사장이 되셨고, 살과 피를 주심으로 인해 자신이 하나님의 떡과 포도주가 되셨다.

　"…주께서 세상에 임하실 때…"(히 10:5)

　"…돌 하나도 돌 위에 남지 않고…"(막 13:2)

　"…전에도 있었고 장차 올 자요…"(계 1:8)

살아남은 모든 유대인들은 방황하게 될 것이다. 766

87 상징

이사야 51장, 홍해 – 구원의 상징.

하나님은 인간을 눈에 보이지 않는 거룩함으로 창조하시고, 그들을 영원한 영광 가운데 충만하게 하심을 나타내시기 위해 눈에 보이는 것들을 만드셨다. 자연은 은혜의 형상이며, 하나님은 자연에게 은혜를 베푸셨다.

하나님의 뜻은 단지 홍수에서 구한 아브라함의 자손을 풍요로운 땅으로 인도하는 것은 아니었다. 은혜 역시 영광의 상징일 뿐이며 궁극적인 목적은 아니었다. 은혜는 율법에 의해 상징되며 그 자체로 영광을 의미한다. 은혜는 상징이자 근원이며, 원인이기도 하다.

인간의 일상생활은 성자들과 다르지 않다. 인간은 누구나 만족을 추구하며 단지 만족의 대상을 달리할 뿐이다. 그들은 자신을 방해하는 것을 '적'이라고 부른다. 하나님은 보이는 자들에게 권능을 나타내시어 보이지 않는 것에 그 능력이 있음을 알게 하셨다.

"그러나 인자가 땅에서 죄를 사하는 권세가 있는 줄을 너희로 알게 하려 하노라 하시고 중풍병자에게 말씀하시되 내가 네게 이르노니 일어나 네 상을 가지고 집으로 가라 하시니"(막 2:10~11) 643

88 하나님의 은혜를 믿으면서 선행에 무심한 자들에 대하여

죄의 두 가지 근원이 교만과 게으름이기에 하나님은 이 두 가지를 치유하기 위해 그분의 두 가지 속성을 보이셨다. 이는 인자함과 의로움이며, 의로움의 본질은 그가 얼마나 거룩한 일을 했던지 간에 교만을 부리지 않는 것이다.

"주의 종에게 심판을 행하지 마소서…"(시 143:2)

또한 인자함의 본질은 다음의 구절을 따라 선행을 격려하여 게으름을 물리치는 것이다.

"하나님의 인자하심이 너를 인도하여 회개하게 …"(롬 2:4)

그리고 니느웨에 관한 또 다른 구절.

"…하나님이 그들이 행한 것 곧 그 악한 길에서 돌이켜 떠난 것을 보시고 하나님이 뜻을 돌이키사…"(욘 3:9~10)

그분의 인자함은 게으름을 정당화하지 않고 오히려 싸워 물리치게 한다. 따라서 하나님이 인자하시지 않기 때문에 인간이 그분을 위해 최선의 노력을 해야 한다고 말하지 말고, 하나님이 인자하시기 때문에 우리는 최선의 노력을 해야 한다고 말해야 한다. [497]

89 두 개의 기초. 하나님의 내적인 은혜와 외적인 기적. 이는 둘 다 초자연적이다. [805]

90 회개하지 않고 죄사함을 받은 죄인, 사랑 없이 거룩해진 의인, 그리스도의 은혜 없는 모든 그리스도인, 인간의 의지를 다스릴 권능이 없는 하나님, 신비 없는 예정론, 확신 없는 구속. [884]

91 한 인간이 성자가 되기 위하여 부어져야 하는 은혜를 의심하는 자는 성자가 무엇인지, 인간이 무엇인지 모르는 자다. [508]

QT
은혜에 대하여

피조물에 대한 창조주의 권리를 제한할 수 있을까? 피조물이 창조주의 생각을 엿볼 수 있을까? 인간을 창조하신 분이 사랑과 공의의 하나님이신 것이 그들에게는 크나큰 축복이다.

피조물인 인간이 창조주와의 관계를 위해 반드시 감당해야 할 것이 있다. 한 가지는 하나님을 인정하는 것이다. 그분이 창조주라는 사실을 인정하고, 인간 스스로 죄인이라는 사실을 고백해야 한다. 다른 한 가지는, 하나님께서 인간과의 관계를 회복하시기 위해 독생자 예수 그리스도를 이 땅에 보내서서 모든 죄를 대속하셨음을 깨닫는 것이다. 세상은 마치 하나님의 은혜와 심판이 이루어지는 법정과 같다.

Part 4

하나님

P E N S É E S

모든 것을
창조하시고

P E N S É E S

92 하나님

하나님은 그분 자신을 위해 모든 것을 창조하시고, 고통과 행복의 권능을 인간에게 주셨다. 인간은 하나님께 이 권능을 드리거나 스스로 가질 수도 있다. 이를 하나님께 드리는 것은 복음적인 반면, 스스로 갖는 것은 하나님의 자리를 차지하려는 것과 같다. 그분의 권능 안에서 사랑을 구하는 자들과, 그분을 향한 사랑으로 충만한 많은 자들이 하나님을 둘러싸고 있다.

스스로 잘 분별하라. 그리하면 당신이 세상 정욕의 왕에 지나지 않으면서 정욕을 좇아 걷는 자임을 알게 될 것이다. 314

93 오, 나의 하나님! 이 얼마나 어리석은 논쟁인지요? 하나님께서 이 세상을 저주하시기 위해 창조하셨을까요? 연약한 백성에게 많은 것을 요구하시겠습니까?

회의주의자에게는 이런 연약함을 치유하게 하며 마음속의 헛된 생각을 제거한다. 390

94 하나의 시작과 하나의 결말만 있다면 모든 것은 그 하나에 의해 이루어지고, 그것을 위해 존재해야만 한다. 참된 종교는 하나님만 예배하고 사랑하도록 가르쳐야 한다. 그러나 인간은 자신이 모르는 것은 예배하지 않고, 자신 외에는 사랑할 줄 모른다. 인간에게 이러한 의무를 가르치려면, 종교가 인간의 무능력과 이를 구제할 방법에 대해 가르쳐야만 한다. 한 사람에 의해 하나님과 인간의 관계가 끊어졌지만, 다른 한 사람에 의해 그 관계가 회복되었다. 즉, 인간은 태어나면서부터 하나님을 대적한 존재임을 깨닫게 해야만 한다. 인간은 죄 가운데 태어났다. 이를 부정하는 것은 하나님을 부조리한 존재로 만드는 일이다. 489

95 인간은 하나님이 일하시는 방법, 즉 어떤 이는 눈이 보이지 않게 하시고, 어떤 이는 눈이 보이게 하시는 원칙을 받아들이지 않는 한 그분에 대해 아무것도 이해할 수 없다. 566

96 하나님이 존재한다면 인간은 오직 하나님만 사랑하고 피조물을 사랑하면 안 된다. 솔로몬의 지혜도 그러하다. 한편, 불신앙적인 말투는 하나님이 존재하시지 않는다는 사실을 전제로 한다. '하나님이 존재하지 않으므로, 피조물임을 즐기자'라고 말하는 것은 최악의 경우다. 그러나 진실로 사랑해야 할 하나님이 계

시다면 오히려 정반대의 결론을 내릴 것이다. '하나님이 존재하시므로 피조물임을 즐겨서는 안 된다.'

피조물에 집착하게 하는 모든 일은 악하다. 이 집착은 우리가 하나님을 알아가며 섬기는 일을 방해하고, 하나님을 모르는 상태에서 그분을 찾아 나서는 일조차 방해한다. 인간은 정욕이 가득한 존재이므로 스스로를 미워하고, 하나님 외에 자신을 집착하게 만드는 모든 것들을 부정함으로써 오직 하나님만을 사랑해야 한다. [479]

97 왕이 경호원과 군악대, 관료들에게 수행받는 모습을 보면 존경과 경외를 느끼게 된다. 이는 하나의 상징이 되어 왕이 수행하는 무리 없이 혼자 있을 때에도 존경과 경외가 우러나게 된다. 이는 관념적으로 왕과 수행하는 무리를 구분하지 않기 때문인데, 우리는 그들이 지닌 권위의 상징을 구분하지 못하며, 이것이 또한 습관에 의한 것임을 알지 못한다. 이 관념이 단지 왕이 태어나면서부터 지닌 권능이라고 여긴다. 그래서 다음과 같은 말이 생겼다. '왕에게 신의 기품이 느껴진다.' [308]

98 왕의 권력은 백성의 지혜와 어리석음에 기초하는데, 특히 어리석음에 기초한다. 세상에서 가장 위대하고 중요한 것들은 이런

연약함을 기초로 한다. 그러나 이 기초야말로 백성들이 미래에도 연약할 것이라는 전제를 확실하게 한다. 오히려 이성으로 시작하고 성립된 것은 인간이 자기의 지혜를 높이는 것처럼 그 기초가 위태롭다. 330

99 서론

하나님의 존재를 드러내는 형이상학적인 증거들은 인간의 이성과는 거리가 멀기 때문에 마음을 움직이지 못한다. 그것이 일부 도움을 준다고 하더라도 증거가 제시되었을 때뿐이다. 한 시간도 지나지 않아서 그들은 자신이 속은 것은 아닌지 근심한다. '호기심으로 얻은 것은 교만으로 잃게 된다' *

이는 예수 그리스도 없이 하나님을 알고자 한 결과다. 즉, 중개자 없이 알게 된 하나님을 인간이 직접 교제하려는 것이다. 반면 중개자를 통해 하나님을 알게 된 사람들은 자신의 비참함을 깨닫는다. 543

100 자신의 비참함을 깨닫지 못하고 하나님을 알게 되면 교만해질 수 있다. 자신의 비참함을 깨닫고도 하나님을 모른다면 절망에 빠질 수 있다. 그러므로 오직 예수 그리스도를 통해서 자신

---

* 아우구스티누스 〈설교〉 141p

하나님은 그분 자신을 위해 모든 것을 창조하시고,
고통과 행복의 권능을 인간에게 주셨다.

의 비참함과 하나님을 동시에 아는 균형을 갖게 된다. 527

101 인간은 하나님에게 가치있는 존재는 아니지만 그러한 존재가 될 수도 있다. 하나님께서 비참한 존재인 인간과 연합하시는 것은 가치가 없는 일이지만, 그 비참함에서 인간을 구원하시는 일은 그분께 가치가 있는 일이다. 510

102 숨어 계시는 하나님

오직 하나의 종교만 있다면 하나님께서는 자신을 분명하게 나타내셨을 것이다. 다른 종교에 순교자가 없더라도 마찬가지다. 하나님은 숨어 계시며, 숨어 계시는 하나님이 진리가 아니라고 말하는 종교는 거짓되다. 이들은 그 이유조차 설명하지 않고 제대로 가르치지도 않는다. 그러나 우리의 그리스도교는 이렇게 말한다.

"구원자 이스라엘의 하나님이여 진실로 주는 스스로 숨어 계시는 하나님이시니이다"(사 45:15) 585

103 하나님을 인지하는 것은 이성이 아닌 마음이다. 믿음도 그렇다. 이성이 아닌 마음으로 믿는다. 278

104 하나님은 영혼을 통해 그분이 유일한 선(善)이심을 깨닫게

하신다. 인간은 오직 그분 안에서 평화를 찾을 수 있으며, 오직 그분을 사랑함으로써 기쁨을 찾을 수 있다. 하나님은 그분을 사랑하지 못하게 방해하는 장애물과, 인간의 영혼을 잠식하는 자기애와 정욕을 미워하신다. 그분은 영혼 안에 잠재한 자기애의 뿌리를 발견하게 하셔서 하나님만이 오직 이를 치유할 분임을 알게 하신다. ₅₄₄

105 놀랍게도 어떤 성경의 기자도 하나님을 증명하기 위해서 자연을 사용하지 않았다. 그들은 인간이 하나님을 믿게 하려고 노력하였다. 그러나 다윗, 솔로몬 등이 결코 '진공과 같은 상태는 없으므로 하나님은 존재한다'고 말하지는 않았다. 그들은 자연을 증거로 사용한 후대의 위대한 현인들보다 더 현명했음이 틀림없다. 이는 깊이 생각해 볼 만한 일이다. ₂₄₃

106 모든 것은 변화하고 연속성이 있다.
"잘못되었어, 그것은…."
"왜 당신은 하늘과 새가 하나님을 증거한다고 말하지 않지?"
– 아니다.
– 그러면 당신의 종교도 그렇게 말하지 않나?
– 아니다. 어떤 사람들에게는 하나님께서 이러한 방식으로 진

실을 깨닫게 하시지만 대부분의 사람에게는 아직 그렇게 하지
않으셨다. 244

QT
하나님을 어떻게 알 수 있을까?

하나님은 어떠한 분이신가? 알고자 하면 할수록 하나님은 더욱 멀어지시는 듯하다. 하나님께서 그분 자신을 드러내는 때에 오직 그분에 관해 알 수 있다. 숨어 계시는 하나님, 그분은 자신을 위해 모든 것을 창조하셨으며, 자신을 위해 고통과 행복의 권능을 우리에게 부여해 주셨다. 이제 선택은 우리에게 있다. 스스로의 무지와 죄악, 연약함을 인정하고 그분에게 모든 주권을 내어 드릴 것인가, 아니면 하나님의 자리를 차지할 것인가.

하나님을 어떻게 알 수 있을까? 모든 믿는 자들의 기도에 하나님께서 나타나신다. 기도 가운데 임재하시는 하나님을 만나게 되는 것이다. 그들은 기도를 통해 음성과 모습, 몸의 체험으로 하나님을 만나기를 구한다.

1654년 11월의 어느 날, 파스칼 역시 늦은 밤에 기도하는 가운데 하나님의 임재를 체험했다. 이 사건은 파스칼의 삶을 완전히 바꾸어 놓았다. 파스칼의 하나님은 특별한 지식인들의 하나님이 아니었으며 만인의 하나님이셨다. 또한 평안을 주시는 분이며 용서와 화해의 하나님이시다. 파스칼은 하나님 안에서 절대적 평안과 기쁨을 누리고 이에 대해 고백했다.

오늘날 우리는 하나님께서 계시한 말씀과 기록된 말씀인 성경, 선포된 말씀인 설교를 통해서, 그리고 말씀이 육신을 입고 오신 예수 그리스도를 통하여 하나님을 알아갈 수 있다.

"내가 땅의 기초를 놓을 때에 네가 어디 있었느냐 네가 깨달아 알았거든 말할지니라"(욥38:4)

Part 5

예수 그리스도

PENSÉES

말씀이
육신이 되어

PENSÉES

107 모두를 위한 예수 그리스도. 한 민족을 위한 모세.
아브라함 안에서 복을 받은 유대인.

"너를 축복하는 자에게는 내가 복을 내리고 … 땅의 모든 족속이 너

로 말미암아 복을 얻을 것이라 하신지라"(창 12:3)

"네가 나의 종이 되어…"(사 49:6)

"이방을 비추는 빛이요…"(눅 2:32)

다윗은 율법에 대해 이렇게 말했다.

"그는 어느 민족에게도 이와 같이 행하지 아니하셨나니…"(시 147:20)

그러나 우리는 예수 그리스도에 관해서 이렇게 말해야 한다.
"그분은 모든 민족에게 그 일을 행하셨다. 그 일은 오직 예수 그
리스도에게 있어서 쉬운 일이었다. 교회는 교회 안에 있는 자들
을 위해서만 희생했을 뿐이다. 예수 그리스도는 모두를 위해 십
자가 희생을 치르셨다."[774]

108 모든 사람들 가운데, 우리 가운데에 있는 예수 그리스도를
생각하라. 아버지 안에서 아버지 예수, 형제들 안에서 형제 예

수, 가난한 자들 안에서 가난한 자 예수, 부자들 안에서 부자 예수, 제사장 안에서 제사장이며, 의사 예수, 왕좌 안에서 통치자 예수 등. 그는 영광 안에서 모든 것이 되시며 전능자이신 하나님이시다. 또한 육신 안에서 비참하고 비열한 자들의 모든 것이 되신다. 이를 위해 그분은 이 불행한 조건들을 택하셨다. 이로써 예수 그리스도는 모든 인간의 본이 되시며 모든 사람들 안에 거하실 수 있다. 785

109 인간은 사랑으로부터 멀어질수록 하나님께로부터 멀어지게 된다. 예수 그리스도의 기도와 덕행이 없었더라면 인간의 기도와 덕행은 하나님께 혐오스러웠을 것이다. 인간의 죄를 예수 그리스도가 감당하시지 않으셨더라면 인간은 하나님의 은혜가 아닌 심판을 받았을 것이다. 예수 그리스도는 인간의 죄를 대속하시고 그들을 그분의 언약 가운데 부르셨다.

덕행은 그분에게 어울리지만 죄는 그분에게 낯설고, 덕행은 인간에게 낯설지만 죄는 인간이 타고난 것이다. 우리는 선을 판단하기 위해 적용하던 기준을 바꾸어야 한다. 지금까지는 인간의 의지를 기준으로 해 왔다면 이제는 하나님의 뜻으로 바꾸자.

하나님은 우리에게 있을 선하고 옳은 것들을 바라시고, 불의하고 악한 것들은 미워하신다. 무엇이든 하나님의 뜻이 아니라면 금지된 것이다. 이는 죄를 미워하시는 하나님의 일반적인 선언에 의해 금지되어 있다. 그렇다고 일반적으로 금지되지 않고 방치된 것이 항상 허용되지는 않는다. 하나님께서 우리에게서 멀리하도록 하시는 특별한 일들이나 하나님의 뜻을 거스른다고 여겨지게 되는 일들을 통해서 우리는 이러한 것들이 금지되어 있는 죄임을 알 수 있다. 하나님은 금지된 것을 깨닫는 마음을 우리에게 전하신다.

하나님께서 이러한 경우에 죄를 원하지 않으시지만, 그렇다고 해서 하나님께서 반대편의 뜻을 품으셨다는 의미는 아니다. 무엇보다 하나님이 뜻하시지 않는 일은 죄로 여겨야 하고, 하나님이 뜻하시는 일은 오직 선하고 바람직하게 여겨야 한다. 하나님이 뜻하시지 않은 것은 불의하고 악한 것으로 여기라. ₆₆₈

110 예수 그리스도를 통한 하나님

인간은 오직 예수 그리스도를 통해서만 하나님을 알 수 있다. 이 중개자가 없다면 인간과 하나님과의 모든 교류는 단절된다. 우리는 오직 예수 그리스도를 통해서 하나님을 알게 된다. 예수 그리스도 없이 하나님을 안다고 주장하고, 그분의 존재를 입증하려 한 사람들의 증거는 헛되다.

우리는 예수 그리스도를 증거할 수 있는 분명한 예언의 증거를 지니고 있다. 이 예언들이 사건들을 통해 진실로 밝혀지므로 진리를 확증하고 예수 그리스도가 하나님인 것을 증명한다.

인간은 예수 그리스도 안에서 그리고 그분을 통해서 하나님을 깨닫는다. 예수 그리스도와 상관없이, 성경과 원죄 의식 없이, 이 땅에 약속으로 오신 절대적 필요의 중개자 없이 하나님의 존재를 증명하고 건강한 교리와 도덕을 가르치는 것은 전적으로 불가능하다. 그러나 예수 그리스도를 통해, 그분 안에서 인간은 하나님의 존재를 증명하는 교리와 도덕을 가르칠 수 있다.

인간은 예수 그리스도가 참 하나님이심을 깨닫는 동시에 스스로 비참함을 깨닫는다. 하나님만이 우리를 비참함으로부터 구원하시기 때문이다. 우리는 자신의 악함을 알게 될 때 하나님을 알게 된다. 자신의 비참함을 깨닫지 못하고 하나님을 알게 된 인간들은 하나님보다 자신을 더 영화롭게 하려 한다.

"하나님의 지혜에 있어서는 이 세상이 자기 지혜로 하나님을 알지 못하므로 하나님께서 전도의 미련한 것으로 믿는 자들을 구원하시기를 기뻐하셨도다"(고전 1:21) 547

111 예수께서 사람들 가운데 알려지지 않은 채 계셨던 것처럼 진리도 표면적으로는 일반적인 의견들과 차이 없이 조용히 있다. 성찬 역시 평범한 음식들 중에 있다. 789

112 믿음은 아담과 예수 그리스도에 의해서 이루어지며, 도덕은 정욕과 은혜로 이루어진다. 523

113 예언자들은 예수 그리스도에 대해 무엇이라 말하는가? 그분은 단순하게 하나님이신가? 아니다. 그분은 숨어 계신 참된 하나님이시다. 그분은 멸시를 당하실 것이고, 인간들은 그분이 바로 하나님이심을 믿지 않을 것이며, 그분이 많은 이들을 걸려 넘어뜨리는 돌이 될 것이라고 예언자들이 말했다.

이 예언이 불분명하다는 이유로 비난하지 말아야 한다. 비록 불분명하더라도 예언이 없었다면, 예수 그리스도에게 걸려 넘어지지 않았을 것이다. 이는 예언자들의 명백한 의도 가운데 하나다.

"…그들의 눈이 감기게 하라…"(사 6:10) 751

114 예수 그리스도가 오신 것은 눈 뜬 자를 눈 멀게 하고, 눈 먼 자를 눈 뜨게 하며, 병든 자를 낫게 하고, 건강한 자를 병들게 하고, 죄인을 회개하게 하여 의롭게 하고, 의인을 죄 속에 버려두고, 가난한 자를 부유하게 하며, 부유한 자를 가난하게 하기 위해서다. 771

115 상징

암호의 열쇠. 참 예배자들(요 4:23).

"…보라 세상 죄를 지고 가는 하나님의 어린 양이로다"(요 1:29) 681

116 예수 그리스도가 행하신 것은, 인간으로 하여금 자신이 사랑하는 존재인 동시에 노예이며, 눈 먼 자이고, 병자이며, 불행한 죄인이라는 것을 깨닫게 하신 것이다. 또한 이러한 상태의 인간을 깨닫게 하여 구원하고 성화하여 치유할 자는 예수 그리스도 외에는 없다는 것을 알게 하신 것이다. 구원은 인간이 자신을 미워하고 자기 고통과 십자가 위의 죽음을 통해 예수 그리스도에게 순종할 때 실현된다. 545

117 예수 그리스도는 재판의 형식을 통해 죽기를 원하셨다. 불의한 폭동에 의해 죽기 보다 재판을 통해 죽는 것이 더 굴욕적인 방식이기 때문이다. 897

118 예수 그리스도의 증거

〈룻기〉는 왜 기록되었는가?

다말*(창 8)의 이야기는 왜 기록되었는가? 743

---

* 유다의 며느리, 유다의 아들들이 죽음을 당하자 꾀를 써 유다와 동침함으로 그의 자손을 이음.

119 유대인들은 그분이 하나님인지를 알아내려다가 인간이심을 밝혀내게 되었다. ₇₆₃

120 예수 그리스도의 증거

사도들을 부정한 자로 여겨도 소용없다. 그들의 뒤를 좇아 보자. 예수께서 돌아가신 후 열두 사도가 모여 예수께서 부활하셨다고 공론하는 모습을 떠올려 보자. 이는 그들이 당대의 권력과 정면으로 대응하려 했다는 의미다. 인간의 마음은 상황에 따라 변하기 쉬우며, 재물 등의 유혹은 더욱 감당하기 어렵다. 사도들 중 한 사람이라도 감금과 고문, 죽음과 같은 것들이 두려워 그들이 공론한 것을 부정하려 했다면 한 순간에 모든 것을 잃게 되었을 것이다. ₈₀₁

121 제자들이 우리를 속였거나 그들이 속았다고 가정하기 어려운 이유는 인간이 죽음에서 부활하는 것은 상상하기 어렵기 때문이다. 예수께서 제자들과 함께 계시는 동안에는 그분의 제자들을 지킬 수 있었다. 그러나 예수께서 죽음 후에도 제자들에게 나타나지 않았다면 도대체 누가 그분의 제자들이 그렇게 행하도록 할 수 있었겠는가? ₈₀₂

122 그분은 인간에게 완전한 길을 가르쳐 주시리라. 이전에도 이후에도 이토록 숭고한 것을 가르친 이는 한 사람도 없었다. 733

123 예수 그리스도와 마호메트* 의 차이

마호메트는 예언이 없고, 예수 그리스도는 예언이 있으셨다. 마호메트는 살인했고, 예수께서는 그분의 제자들로 인해 죽임을 당하셨다. 마호메트는 읽기를 금했고, 예수의 제자들은 읽기를 장려했다. 가장 큰 차이점은 이러하다. 마호메트는 인간적인 성공의 길을 선택했고, 예수께서는 인간의 몸을 입고 죽음의 길을 선택하셨다. 마호메트의 성공처럼 예수께서도 성공하셨어야 한다고 여기기 보다 마호메트가 성공했으므로 예수께서는 죽어야만 하셨다고 여기는 것이 옳다. 599

124 예수 그리스도는 처음에는 미약하지만 나중에는 창대해지실 것이다.

다니엘의 작은 돌.(단 2:35)

메시아에 대해 전혀 들은 바가 없더라도 세상의 질서에 대한 그분의 예언이 이토록 놀랍게 성취된 것을 보면, 그분을 신성하게 여기지 않을 수 없다. 그리고 이 모든 기록들이 메시아를 예언했

＊ Mahomet ｜ 이슬람교의 창시자. 메카 교외에서 신의 계시를 받아 유일신 알라에 대한 숭배를 가르침.

유대인들은 기적을 행하는 자를 믿지 않아야 하는 성경의 이유를
그대로 예언자에게 적용하였다.

음을 알게 된다면, 그분의 오심을 확신하지 않을 수 없을 것이다. 또한 그분이 오신 시기가 제2성전의 파괴 이전이라고 기록된 것을 본다면 그분이 이미 오셨다고 여겨야 할 것이다. 734

125 메시아의 시대에 인간은 둘로 나뉘어져 있었다. 영적인 인간들은 메시아를 받아들였지만 세속적인 무리들은 메시아를 목격한 자로만 남았을 뿐이다. 748

126 비참은 절망을 부른다. 교만은 무례를 부른다. 성육신은 예수 그리스도의 비참함과 교만함을 통해 인간에게 얼마나 큰 구원이 필요했는지를 깨닫게 한다. 926

127 **그리스도의 무덤**
예수 그리스도는 십자가에서 죽으셨고, 죽으신 후 무덤 속에 놓이셨다. 오직 성도들만이 그 무덤 속에 들어갈 수 있었다. 예수께서 새 생명을 얻으신 것은 십자가 위가 아닌, 무덤 속이었다. 이는 예수님의 수난과 구속의 가장 큰 신비다. 예수님의 적들은 그분께서 무덤 속에 들어가시자 비로소 박해를 멈추었다. 552

128 예수님은 그분 자신이 메시아임을 증명하셨다. 그 방법은

늘 성경이나 예언으로부터 나온 교리가 아닌 기적을 사용한 것이었다. 예수님은 기적을 보이시며 자신이 죄를 용서할 수 있음을 증명하셨다. 그분은 말씀하셨다.

"귀신들이 너희에게 항복하는 것으로 기뻐하지 말고 너희 이름이 하늘에 기록된 것으로 기뻐하라 하시니라"(눅 10:20)

"이르되 모세와 선지자들에게 듣지 아니하면 비록 죽은 자 가운데서 살아나는 자가 있을지라도 권함을 받지 아니하리라 하였다 하시니라"(눅 16:31)

니고데모는 기적을 보고 예수님의 교리가 하나님의 것임을 깨달았다.

"그가 밤에 예수께 와서 이르되 랍비여 우리가 당신은 하나님께로부터 오신 선생인 줄 아나이다 하나님이 함께 하시지 아니하시면 당신이 행하시는 이 표적을 아무도 할 수 없음이니이다"(요 3:2)

그분은 교리로 인해 기적을 판단하지 않고, 기적에 의해 교리를 판단하셨다. 우리가 그리스도의 교리를 가진 것처럼 유대인들은 기적에 관해서 하나님에 대한 그들만의 교리를 가지고 있었다. 유대인들은 기적을 행하는 자를 믿지 않도록 배웠다. 특히 이 부분에 대한 것은 대제사장들에게 위임하고 지침을 따르도록 배웠다. 유대인들은 기적을 행하는 자를 믿지 않아야 하는 성경의 이유를 그대로 예언자에게 적용하였다. 유대인들이 기적 때문에 예언자들과 예수 그리스도를 거부한 것은 실로 커다란 죄였다. 만일 그들이 기적을 보지 않았더라면 이러한 죄를 짓지 않았으리라.

"내가 아무도 못한 일을 그들 중에서 하지 아니하였더라면 그들에게 죄가 없었으려니와 지금은 그들이 나와 내 아버지를 보았고 또 미워하였도다"(요 15:24)

믿음은 기적 위에 놓여 있다. 그러나 예언은 기적이라고 할 수 없다. 사도 요한은 예수의 첫 번째 기적인 가나의 혼인 잔치에서 일어난 일과 예수께서 사마리아 여인의 은밀한 삶에 관해 나타내며 하신 말씀을 기록했다. 또한 왕의 신하의 아들을 치유하셨던 사건을 기록했는데, 사도 요한은 이 치유를 '두 번째 기적'(요 4:54)이라고 불렀다. 808

129 사랑은 상징적인 교훈이 아니다. 예수 그리스도는 상징보다 진리를 세우기 위해 오셨다. 그분에 대해 현실을 대신하여 오신 사랑의 상징으로만 말한다면 이야말로 무서운 일이다.

"…빛이 어두우면 그 어둠이 얼마나 더하겠느냐"(마 6:23) 665

130 예수 그리스도는 인간에 의해 수난 당하셨다. 그분은 죽으실 때에 스스로에게 가한 고문으로 더욱 고통스러워 하셨다.

"…심령에 비통히 여기시고…"(요 11:33)

이 고통은 인간이 줄 수 있는 것이 아니라 전능하신 손, 오직 하나님만 주실 수 있는 것이다. 이를 견디기 위해서는 예수님 자신도 전능하셔야만 했다.

*

예수 그리스도는 가장 사랑하는 세 명의 제자들에게 위로를 구하셨으나 모두 잠들었다. 예수께서는 그들에게 잠시 깨어 있기를 부탁하셨지만, 한 순간도 깨어 있을 만한 연민이 없었던 그들은 무관심 가운데 잠들어 있었다. 예수님은 홀로 하나님의 진노 앞에 버림 당하셨다.

*

예수님은 이 땅에서 혼자셨다. 자신의 고통을 함께 느끼고, 함께 짊어질 사람이 단 한 사람도 없었고, 이를 어느 누구도 알지 못했다. 하나님과 예수님 자신만 아실 뿐이었다.

*

예수님은 동산에 계셨다. 최초에 아담의 죄로 인해 인류가 타락하게 된 기쁨의 동산이 아니라 예수님 자신을 구원하고, 모든 인류를 구원해야 하는 고뇌의 동산에 예수 그리스도가 계셨다.

*

그분은 어두운 공포 속에서 고통과 고독을 참으셔야 했다.

*

이때가 단 한 번 예수께서 유일하게 한탄하신 때였다. 그분은 참을 수 없는 고통을 감당할 길이 없기에 한탄하셨다.

　"…내 마음이 심히 고민하여 죽게 되었으니…"(막 14:34)

*

예수님은 사람들에게 동정과 위로를 구하셨는데, 이는 그분의 전 생애에서 유일한 간구였지만, 아무도 돕는 이가 없었다. 제자들은 잠들어 있었다.

*

예수님은 세상의 끝날까지 고뇌하실 것이다. 그때까지 잠들지 않으실 것이다.

*

예수님은 자신이 택하시고, 함께하기를 원하셨던 제자들에게조차 완전히 버림받으셨다. 제자들이 잠든 모습을 보고 자신의 위험이 아닌, 제자들이 당할 위험 때문에 잠든 모습을 안타깝게 여기셨다. 예수님은 실망스러운 제자들의 모습에도 불구하고 사랑으로 그들의 구원과 행복을 위해 말씀하셨다.

　"…마음에는 원이로되 육신이 약하도다"(마 26:41)

*

예수님은 제자들이 다시 잠들어 있는 것을 보시고, 그들을 깨우지 않고 휴식을 취하도록 하셨다.

＊

하나님의 뜻이 감추어졌기에 예수님은 죽음에 대한 두려움에 휩싸여 기도하셨다. 그러나 곧 아버지의 뜻을 깨달으시고 일어나서 죽음과 대면하기 위해 자신을 내어 맡기셨다.

"일어나라 함께 가자…"(마 26:46),

그리고 앞으로 나아가셨다.(요 18:4)

＊

예수님은 제자들이 잠든 사이에 그들을 구원하셨다. 그들이 태어나기 전과 죄의 상태에서 있는 동안, 그들을 각각 죄에서 의롭게 하셨다.

＊

예수님은 처음에 "이 잔을 내게서 지나가게 하옵소서"라고 기도하셨고, 두 번째로 "나의 원대로 마옵시고 아버지의 원대로 하옵소서"라고 기도하셨다.

＊

예수님은 지치셨다.

＊

예수님은 제자들이 모두 잠들고, 적들이 노리는 모습을 보면서 자신을 온전히 아버지께 위탁하셨다.

*

예수님은 유다의 적의를 보지 않으시고, 오직 그분이 사랑하는 하나님의 뜻을 구하며 그를 '친구'라고 부르셨다.

*

예수님은 고통 가운데 들어가기 전에 제자들의 곁을 떠나셨다. 예수님을 따르기 위해서 우리는 가장 가까운 사람, 가장 사랑하는 사람으로부터 떠나야만 한다.

*

예수님께서 고뇌하시며 가장 큰 고통 속으로 들어가시니 우리는 더 오랫동안 기도하자.

*

하나님의 자비를 구하는 것은, 죄악 가운데에서 버려지지 않고 하나님께서 죄악에서 우리를 구원해 주시기를 바래서다.

*

하나님께서 권능자를 보내주신다면, 우리가 얼마나 기뻐하며 그 권능자에게 순종하겠는가? 원하는 것은 반드시 이루어진다.

*

"안심하라, 네가 나를 발견하지 않았다면 찾지도 않았으리라."

*

"내가 고통 중에도 너를 생각했다. 너를 위해 이 피를 흘렸다."

*

"아직 일어나지 않은 일을 깊이 생각하는 것은 너 자신을 시험하기 보다 나를 시험하려는 것이다. 그런 걱정을 한다면, 나는 네게 그 일을 행할 것이다."

*

"나의 원칙에 따르라. 내 어머니 마리아와 여러 제자들을 내가 어떻게 인도하였는지 보라. 그들은 내가 자기 안에서 일하도록 모든 것을 내어 맡겼다."

*

"아버지는 내가 하는 모든 일을 기뻐하신다."

*

"너는 눈물 한 방울도 흘리지 않고, 항상 나의 피흘림으로 너의 죄값을 치르기를 원하느냐?"

*

"나는 너의 회개에 관심이 있다. 두려워하지 말고 나를 위하듯 확신을 가지고 기도하라."

*

"나는 성경 속의 나의 말, 교회 안의 나의 영, 여러 가지 계시, 제사장 안에 있는 나의 힘, 성도 안에 있는 나의 기도를 통해 너희와 함께 있다."

*

"의사들은 너를 고칠 수 없을 것이다. 너는 결국 죽게 될 것이기 때문이다. 그러나 나는 너를 치유하고 너의 몸이 영원히 죽지 않도록 하리라."

*

"육신의 속박을 견뎌내라. 지금은 내가 너를 영적 속박으로부터 구원하려 하기 때문이다."

*

"나는 너의 가장 좋은 친구다. 나는 너를 위해 많은 일을 했다. 다른 친구들은 내가 너를 위하는 것만큼 인내하지 않을 것이다. 그들은 네가 믿음이 없고 비참한 상태에 있을 때에 나처럼 너를 위해 죽으려고도 하지 않을 것이다. 그러나 나는 기꺼이 너를 위해 죽을 것이며, 이미 내가 선택한 자들에 의해 성체로서 지금도 죽어가고 있다."

*

"네가 네 죄를 알았다면 마음이 상했을 것이다."

─주여, 제가 마음이 상했다면, 그것은 주님을 믿고 죄의 사악함 또한 믿기 때문입니다.

"아니다. 오직 이것을 알려주는 나만이 너를 죄에서 구원할 수 있다. 내가 이렇게 하는 이유는 네가 구원받기를 원하기 때문이

그분은 나보다 더 수난당하시며 나를 수난에서 멀리하게 하시며
내가 그분에게 다가가 돕는 것을 기뻐하신다.

다. 이는 내가 너를 속죄함으로 알게 될 것이다. 너는 '네가 죄 사함을 받았느니라'라고 듣게 될 것이다.

회개하라, 그리하면 너의 비밀스런 죄와 그 가운데 감추어진 악을 알게 되리라"

*

─주여, 나의 모든 것을 드립니다.

*

"나는 네가 네 자신의 더러움을 사랑하는 것보다 더욱 열렬히 너를 사랑한다."

　"…돼지가 씻었다가 더러운 구덩이에 도로 누웠다…"(벧후 2:22)

*

"영광을 나에게 돌리라. 벌레나 진흙 같은 네게 영광을 돌리면 안 된다. 내 말이 너에게 허영과 호기심, 악을 불러 일으킨다면 너를 인도하고 있는 사람에게 물어보라."

*

빌라도의 잘못된 판결은 예수님을 고난에 빠뜨렸다. 그의 판결로 인해 예수님은 채찍을 맞고 사형에 처해지셨다. 아마 곧바로 죽는 것이 더 나았을 것이다. 그들은 선한 일과 악한 일을 동시에 행했다. 세상을 만족시키기 위해 그리스도의 편에 온전히 서는 것을 부끄러워하여 커다란 유혹과 기회가 왔을 때 그리스도의 사형을 선택했다.

나의 교만과 호기심 그리고 정욕의 깊이를 본다. 나와 하나님, 나와 예수 그리스도 사이에는 아무런 관계가 없다. 그러나 예수 그리스도는 나로 인하여 죄인이 되셨다. 모든 고난이 나로부터 그분에게로 향했다.

그분은 나보다 더 수난을 당하시면서도 나를 그 수난에서 멀게 하시며, 내가 그분에게 다가가 돕는 것을 기뻐하신다. 그분은 자신을 스스로 치유하시고 또한 나를 마땅히 고치셨다. 나의 아픔을 그분의 아픔에 더해 나 자신을 그분과 연결해야만 한다. 그분은 자신을 구원하시는 가운데 나를 구원하실 것이다. 그러나 더 이상의 아픔이 있어서는 안 된다.

"…너희 눈이 밝아져 하나님과 같이 되어 선악을 알 줄 하나님이 아심이니라 "(창 3:5)

인간은 하나님처럼 판단하려고 한다. '이것은 선하고, 저것은 악하다'라고 말하며 여러 가지 일들에 관해 지나치게 괴로워하거나 기뻐하곤 한다. 작은 일을 큰일처럼 행하라. 그리스도의 위대함은 우리를 통해 일하시고 우리의 삶 가운데, 살아가는 모습에 담겨 있다. 그분은 그 일들을 마치 아주 작은 일들처럼 쉽게 행하신다. 그분은 전능하신 분이기 때문이다. 553

131 예수 그리스도는 부활하신 후 그의 상처에만 손을 대게 하신 듯하다.

"…나를 붙들지 마라…"(요 20:17)

그분의 고통을 나누어야 한다. 예수님은 최후의 만찬에서 죽음을 앞둔 자로서, 엠마오의 죽은 자들 가운데 부활한 몸으로서, 모든 교회에서는 하늘에 올려지신 분으로서, 공동체를 위하여 자신을 바치셨다. 554

132 예수 그리스도는 교만한 마음을 버릴 때 비로소 다가갈 수 있는 하나님이시며, 그래야만 그분 앞에서 우리는 절망하지 않고 겸손할 수 있다. 528

133 예수께서 오셔서 말씀하셨다. 그들의 적은 바로 그들 자신이며, 욕망이 인간과 하나님을 갈라놓았고 그분 자신은 욕망을 물리치고 은혜를 베풀기 위해서 오셨다고. 또한 그들 모두를 거룩한 교회로 만들기 위해 이방인과 유대인을 교회로 불러 모았으며, 이방인의 우상과 유대인의 미신을 타파하기 위하여 왔다고 말씀하셨다.

"어찌하여 이방 나라들이 분노하며 민족들이 헛된 일을 꾸미는가 세상의 군왕들이 나서며 관원들이 서로 꾀하여 여호와와 그의 기

름 부음 받은 자를 대적하며"(시 2:1~2)

세상의 위대한 자들은 학자, 성자, 왕과 결속한다. 학자는 글로써, 성자는 심판으로, 왕은 교살을 명령하여 대항한다. 이러한 대항에도 불구하고 단순하고 힘없는 사람들은 이러한 일체의 권력에 저항하여 위대한 자들, 지식인, 성자와 왕을 정복하고 땅위의 우상들을 모두 쓸어버린다. 이것은 전부 예언된 힘에 의해 이루어진다. 783

QT
인간으로 오신 예수

예수 그리스도는 그분 자체가 전체다. 알파와 오메가다. 처음과 나중이며 시작과 끝이다. 성경은 예수 그리스도를 이야기하며, 성경 자체가 예수 그리스도 그분이시다. 그 말씀이 육신이 되어 오신 분이 바로 예수 그리스도다. 인간의 몸으로 오신 예수 그리스도의 생애는 말구유에서 시작되어 십자가에서 끝난다.

파스칼은 유대인을 향하여 질문한다.

"왜 룻기가 보존되었겠는가?"

"왜 다말의 이야기가 보존되었겠는가?"

예수를 그리스도로 인정하지 않는 유대인들이 정경으로 정한 구약성서. 그러나 유대인들의 정경인 구약에 기록된 룻과 다말의 기록은 그리스도이신 예수의 족보를 밝히고 있다. 파스칼은 만일 예수께서 그리스도가 아니시라면 룻기와 다말에 관한 이야기는 보존될 필요가 없을 것이라 생각했다. 한편, 구세주이신 예수 그리스도는 창조의 때에 인간의 타락과 함께 예언되어 있고, 마지막 심판의 날에 재림하실 주님으로 약속되어 있다.

인간으로 오신 예수님은 온 인류를 위해 일하셨다. 빈부와 귀천을 넘어, 고아와 과부와 나그네의 위로자이며 친구로, 또한 제사장과 왕과 학자의 본으로 오셔서, 우리의 죄를 위하여 십자가에서 가장 처참한 모습으로 죽으셨다. 그러나 죄가 없으셨다. 예수님이 죄가 있으셨다면 십자가는 아무런 의미가 없다. 그분의 죄가 없기에 우리의 죄가 그분을 통해 씻겨진 것이다.

예수 그리스도는 이 세상에서 가장 비참한 모습과 가장 위대한 모습을 동시에 보여주심으로, 모든 인간의 영과 육의 문제를 감당하실 수 있음을 보여주셨다.

"세상 죄를 지고 가는 하나님의 어린 양"(요1:29)

Part 6

믿음

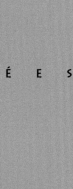

PENSÉES

주의 증거에
향하게 하시고

P E N S É E S

134 믿음은 하나님의 선물이므로 이성적으로 여기지 말라. 다른 종교는 믿음에 관해 이렇게 말하지 않는다. 그들은 이성을 사용하지만, 이성은 결코 믿음으로 이끌지 못한다. [279]

135 믿음에는 세 가지 길이 있다. 이성, 습관, 영감. 그리스도교는 올바른 근거를 가진 종교지만, 영감 없이 믿는 자를 참된 자녀로 인정하지 않는다. 이는 그리스도교가 이성과 관습을 배척하기 때문이 아니라, 오히려 여러 가지 증거에 대해 마음을 열고, 관습을 통해 하나님에 대한 확신을 확고히 하도록 하기 때문이다. 우리는 겸손함으로 자신을 영감에 맡김으로써 참되고 유익한 결과를 얻을 수 있다.

"…그리스도의 십자가가 헛되지 않게 하려 함이라"(고전 1:17) [245]

136 이유를 묻지 않고 믿음을 갖는 소박한 사람들에 대해 놀라지 말라. 하나님은 인간이 자신에 대해 부정하고 하나님을 사랑하도록 하셨고, 또한 그들의 마음이 믿음으로 기울어지도록 만

인간을 판단하는 기준은 없는 것일까?

믿지 않거나 믿거나 의심하는 것은 달리는 말과 같다고 할 수 있다.

드셨다. 하나님이 인간의 마음을 기울게 하지 않으신다면 결코 참 믿음과 신앙을 가질 수 없다. 하나님이 그렇게 하셔야만 우리가 믿음을 가지게 된다.

다윗은 이 사실을 매우 잘 알고 있었다.

"내 마음을 주의 증거들에게 향하게 하시고…"(시 119:36) 284

137 성경을 읽은 경험 없이도 믿음을 가질 수 있는 사람은 내면이 매우 거룩하고, 그리스도교의 이야기를 참으로 공감할 줄 안다. 그는 하나님이 자신을 창조하였음을 느끼고, 오직 하나님만을 사랑하려고 하며 자신을 부정한다. 그러나 이를 실천할 만한 힘의 부재를 느끼며 혼자서는 하나님께 다가갈 수 없고, 하나님께서 친히 다가오셔야만 그분과 교제할 수 있음을 깨닫는다. 또한 설교를 통해 오직 하나님만을 사랑하며 자신을 부정해야함을 들으면서, 인간의 타락으로 하나님께 직접 닿을 수 없기 때문에 하나님께서 친히 연합하시기 위하여 그리스도교를 만드셨다는 사실을 이해한다. 이러한 의무와 무능력을 잘 알고 있는 사람은 더 이상 설득할 필요가 없다. 286

138 예언과 증거에 대해 모르고 그리스도인이 된 사람도 그것을 알고 그리스도인이 된 사람 못지않게 잘 판단할 수 있다. 후

자는 이성으로, 전자는 감성으로 판단한다. 믿음을 주신 분은 하나님이시기 때문에 그들은 누구보다 확신할 수 있다. 불확실한 방식으로 인해 이교도와 불신자들에게 분별력이 없다는 이야기를 듣거나, 이교도와 불신자도 이와 같은 주장을 할 수 있다고 말하는 자가 있을 수 있다.

이런 부류의 사람들에 대해 하나님께서는 사랑하는 자들이 믿음을 갖도록 친히 허락하시며, 불신자들이 그들의 주장에 대한 아무런 증거를 갖지 않도록 하신다. 양쪽은 같은 전제를 가진 듯하나 한쪽은 확실한 증거가 있는 반면, 다른 한쪽은 아무런 증거가 없다는 점에 차이가 있다.

사랑하는 자들, 하나님은 그분을 사랑하는 자들의 마음이 기울게 하신다.

"…그가 나를 사랑한즉 내가 그를 건지리라…"(시 91:14)

아무런 증거 없이 믿는 그리스도인들의 상당수가 아마 자기를 대변하는 불신자들을 설득할 수 없을 것이다. 그러나 이들을 설득할 수 없어도 그가 하나님의 영감을 받았다는 사실은 쉽게 증명할 수 있을 것이다. 하나님께서 예언자(의심의 여지가 없는)들을 통해 예수 그리스도의 통치 아래 하나님께서 그분의 영을 모든 민족 가운데 퍼져 나가게 하시며, 그분의 자녀들이 예언할 것이라고 말씀하셨기 때문이다. 하나님의 영이 믿는 자들 위에 임

할 것이다. ₂₈₇

139 그들은 군중 속에 숨어 여러 사람의 힘에 의지한다. 그러나 소란, 권위, 소문을 믿음의 기준으로 삼아서는 안 된다. 당신은 마치 그것을 처음 듣는 것처럼 자신의 입장에 먼저 견주고 나서 믿어야 한다. 당신을 믿게 만드는 것은 내면의 동의이며, 거기서 들려오는 지속적인 이성의 목소리다. 믿음은 이토록 중요한 일이다. 어떠한 것은 백 가지 모순이 있더라도 진리가 된다. 오랜 과거의 역사가 믿음의 기준이라면, 고대인들의 믿음의 기준은 무엇이었을까? 모든 사람의 인정이 믿음의 기준이라면, 그들이 모두 죽은 후엔 어떻게 될까?

죄인의 형벌, 실수.

거짓된 겸손, 교만.

막을 올려라. 당신은 시간을 허비하고 있다. 믿거나 믿지 않거나 의심해야 한다. 그렇다면 우리에게 기준이 없는 것인가? 우리는 동물의 행동을 통해 그들이 일을 잘하고 있는지 판단한다. 인간을 판단하는 기준은 없는 것일까? 믿지 않거나 믿거나, 의심하는 것은 말이 달리는 것과 같다고 할 수 있다. ₂₆₀

140 유혹에 빠지지 않도록 기도하라. 유혹에 빠지는 것은 위험

하다. 유혹에 빠지는 것은 기도하지 않았기 때문이다.

"…너는 돌이킨 후에 네 형제를 굳게 하라"(눅 22:32)

"주께서 돌이켜 베드로를 보시니…"(눅 22:61)

베드로는 말고*를 치도록 예수님께 허락을 구하지만, 말씀하시기 전에 그의 귀를 쳐버리고 만다. 예수님은 뒤에 대답하셨다.(눅 22:49~50)

유대인들은 예수님을 헤롯에게 보낼 명분을 만들어 내기 위해 빌라도 앞에서 예수님을 '갈릴리인'이라고 불렀다. 이로써 예수님께서 유대인과 이방인에게 심판 당하게 된다는 계시가 성취된다. 우연적인 사건으로 보이는 일들이 계시를 성취하는 요인이 되었다. 744

141 영광

믿음은 율법의 역사처럼 인간의 힘 안에 있는 것이 아니라 다른 방법으로 우리에게 주어지는 것이다.

"그런즉 자랑할 데가 어디냐 있을 수가 없느니라 무슨 법으로냐 행위로냐 아니라 오직 믿음의 법으로니라"(롬 3:27) 516

142 참된 그리스도인은 많지 않다. 믿음도 그렇다. 믿는 자들

---

* 대제사장의 종

은 많지만 미신적으로 믿는다. 믿지 않는 자들이 있는 것은 그들의 자유의지 때문이다. 중간 입장을 취하는 자는 얼마 되지 않는다. 참다운 믿음으로 신실하게 살아가는 자들과 내면에 직관적인 믿음을 지닌 자들은 여기에 포함하지 않았다. 256

143 믿지 않는 이유

"이렇게 많은 표적을 그들 앞에서 행하셨으나 그를 믿지 아니하니 이는 선지자 이사야의 말씀을 이루려 하심이라 이르되 주여 우리에게서 들은 바를 누가 믿었으며 주의 팔이 누구에게 나타났나이까 하였더라 그들이 능히 믿지 못한 것은 이 때문이니 곧 이사야가 다시 일렀으되 그들의 눈을 멀게 하시고 그들의 마음을 완고하게 하셨으니 이는 그들로 하여금 눈으로 보고 마음으로 깨닫고 돌이켜 내게 고침을 받지 못하게 하려 함이라 하였음이더라 이사야가 이렇게 말한 것은 주의 영광을 보고 주를 가리켜 말한 것이라"(요 12:37~41)

"유대인은 표적을 구하고 헬라인은 지혜를 찾으나"(고전 1:22)

표적도 가득하고 지혜도 넘쳐난다. 그러나 그들은 십자가 위의 그리스도가 없는, 기적도 지혜도 없는 종교를 원한다.

"너희가 내 양이 아니므로 믿지 아니하는도다"(요 10:26)

잘못된 종교를 믿으려 하는 행위는 사랑의 결핍 때문이다.

"불의의 모든 속임으로 멸망하는 자들에게 있으리니 이는 그들이

진리의 사랑을 받지 아니하여 구원함을 받지 못함이라 이러므로

하나님이 미혹의 역사를 그들에게 보내사 거짓 것을 믿게 하심은"

(살후 2:10~11)

종교의 근원은 무엇보다 기적이다. 하나님은 기적에 대해 무슨 말씀을 하시며, 믿음에 대해서는 무슨 말씀을 하셨는가? 하나님이 존재한다면 당연히 하나님에 대한 믿음도 존재한다.

보라, 그리스도의 기적은 거짓 그리스도에 의해 예언되지 않았지만, 거짓 그리스도의 기적은 예수 그리스도에 의해 예언되었다. 예수 그리스도가 메시아가 아니라면 인간을 잘못된 길로 이끌겠지만, 거짓 그리스도가 인간을 잘못된 길로 이끌 수는 없다. 그리스도가 거짓 그리스도의 기적을 예언했을 때, 그분은 자신의 기적을 통한 사람들의 믿음을 해치려 했을까? 거짓 그리스도를 믿는 것이 예수 그리스도를 믿지 않는 이유가 되지 않는다. 그러나 예수 그리스도를 믿는 것은 얼마든지 거짓 그리스도를 믿지 않는 이유가 될 수 있다.

모세는 예수 그리스도를 예언했고, 사람들이 그분을 따르게 했다. 예수 그리스도는 거짓 그리스도를 예언했고, 사람들이 그를 따르는 것을 막았다. 모세의 때에는 당시 알려지지 않았던 거짓 그리스도를 믿는 것이 불가능했다. 반면, 거짓 그리스도의 시대

에는 이미 알려진 예수 그리스도를 믿는 것이 쉬운 일이었다. ₈₂₆

144 질서
유대인의 모든 형편에서 명백한 것과 부정할 수 없는 것을 찾아 보라. ₆₀₂

145 그러나 이해할 수 없다는 것이 존재하지 않음을 의미하지는 않는다. _{430b}

146 인간과 천국 또는 지옥 사이에는 세상에서 가장 연약한 생명이란 것이 존재할 뿐이다. ₂₁₃

147 성찬식의 의미를 믿지 않는 어리석음에 대해 나는 참을 수가 없다. 복음이 진리이고 예수 그리스도가 하나님이라면 도대체 그것을 믿는 것에 어떤 어려움이 있는가? ₂₂₄

148 만일 인간이 이성에 의해서만 모든 일을 처리한다면, 신앙은 신비롭고 초자연적인 면이 하나도 남지 않을 것이다. 반면에 인간이 이성의 원리에 어긋난다면 신앙은 불합리하고 터무니없을 것이다. ₂₇₃

149 신앙은 미신과 다르다. 미신의 경지에 이르는 신앙은 오히려 믿음을 파괴한다. 이단들은 미신과 다름없는 순종을 비난한다. 그러나 그들이야말로 자신들이 비난하는 그 미신을 행하고 있다. 그들은 눈으로 확인할 수 없다는 이유로 예수 그리스도를 믿지 않는다. 확실한 명제만을 믿는 미신. 신앙 등. 255

150 믿음은 확실히 감각이 전하지 않는 부분을 알려 준다. 그것은 감각과 상반되는 것이 아니라 오히려 감각을 초월한 것이다. 265

151 사람이 지나치게 순종적인 것에 대해서 비난할 수 있다. 지나친 순종은 불신앙처럼 악하며 치명적으로 해롭다. 254

152 믿지 못하는 자들이 가장 잘 믿는다. 그들은 모세의 기적을 믿지 않지만, 베스파시아누스*의 기적은 믿는다. 816

153 그들은 부활과 동정녀의 잉태에 관하여 무슨 말을 하는가? 인간이나 동물이 태어나는 것보다 창조되는 것이 더 어려운가? 만일 한 번도 본 적이 없는 동물의 종에 관해 이야기한다면, 과연 그들이 교배를 통해 태어났는지를 어떻게 알 수 있을까? 223

---

* 로마 황제 베스파시아누스(Vespasianus)가 눈 먼 여인의 눈에 침을 발라 눈을 뜨게 했다고 전해짐.

154 신앙을 갖기 어려운 이들은 유대인들을 통해 변명하려고 한다. "그렇게 분명하다면 왜 유대인들은 신앙을 갖지 않는가?" 라고 물으며 주저한다. 그러나 유대인의 모순이 믿음의 근거가 된다. 유대인들이 우리와 같다면 신앙을 등한시하게 될 것이며, 유대인이 믿음을 갖게 된다면 우리는 더 나은 변명을 찾으려 할 것이다. 유대인들이 예언에 열광하면서도 예언의 실현을 경계하는 것은 우리에게 더없이 좋은 일이다. 745

155 육적인 유대인은 그리스도인과 이교도의 중간에 있다. 이교도는 하나님을 모르고 오직 세상의 것을 사랑한다. 유대인은 하나님을 알면서도 오직 세상의 것을 사랑한다. 그리스도인은 하나님을 알고, 세상의 것을 사랑하지 않는다. 유대인과 이교도는 동일한 것을 사랑하고, 그리스도인과 유대인은 동일한 하나님을 안다. 유대인은 두 종류가 있는데, 한 종류는 이교도 같고, 다른 한 종류는 그리스도인 같은 감정을 지녔다. 608

156 기계* 가 증거한 것에 대한 편지

믿음은 증거와 전혀 다르다. 증거는 인간에 의한 것이지만, 믿음은 하나님의 선물이다.

---

* 근대 철학자이자 수학자인 데카르트가 인간의 몸을 '기계'로 표현함.

"…오직 의인은 믿음으로 말미암아 살리라…"(롬 1:17)

믿음은 하나님이 인간의 마음속에 심어놓으신 것이며, 증거는 믿음을 위해 가끔 도구로 사용된다.

"믿음은 들음에서 나며…"(롬 10:17)

믿음은 우리 안에 있고, 따라서 '나는 안다'고 말하는 것이 아니라 '나는 믿는다'고 말해야 한다. 248

157 "…간절한 마음으로 말씀을 받고 이것이 그러한가 하여 날마다 성경을 상고하므로"(행 17:11) 696

158 선택된 자는 자신의 덕을 알지 못하고, 저주받은 자는 자신의 죄의 무게를 알지 못한다. "주여, 우리가 언제 당신이 굶주리신 것을 보았고, 언제 목마르신 것을…." 515

159 신앙에 있어서 만물의 원칙으로 하나님을 예배하지 않고, 도덕에 있어서서 만물의 목적인 하나님을 사랑하지 않는 종교는 모두 거짓이다. 487

160 당신은 '신앙을 갖는다면, 쾌락의 삶을 바로 포기하게 되리라'고 말한다. 그러나 나는 '쾌락의 삶을 포기한다면, 믿음을

바로 갖게 되리라'고 말할 것이다. 시작은 당신에게 달려 있다. 나는 가능하면 당신이 믿음을 갖도록 하겠지만, 당신의 믿음을 시험해 볼 수 없다. 그러나 당신은 충분히 스스로 쾌락을 포기할 수 있으며, 내가 진리를 말하고 있는지의 여부를 시험해 볼 수도 있다. 240

161 한 상속인이 집에서 재산문서를 발견했다면, 그가 과연 그것이 허위문서인지 알아보는 일이 귀찮겠는가? 217

162 하나님의 존재를 이해할 수 없고, 하나님의 비존재 또한 이해할 수 없다. 영육이 연합함도 알 수 없고, 세상이 창조된 것인지 아닌지, 원죄가 있는지 없는지도 모른다. 믿음은 다만 하나님의 신비다. 230

QT
내 믿음은 온전한가?

믿음은 하나님의 선물이다. 인간이 자신의 의지로 믿음을 갖는다는 것은 불가능하다. 성경을 한 번도 읽어 보지 못한 사람, 교회에 한 번도 가본 적 없는 사람이 어느 날 하나님을 체험하고 신앙을 갖는 일이 일어날 수 있을까?

성경은 한 사람으로부터 믿음의 역사를 전개한다. 믿음의 조상인 아브라함이 바로 그다. 우상을 섬기는 갈대아 지방, 평범한 세공업자 데라의 아들 아브라함에게 어느 날 하나님이 찾아 오셨고, 그때부터 믿음의 역사가 시작되었다.

파스칼은, 믿음은 '하나님의 신비'라고 말한다. 믿는다는 것 자체가 기적적인 사건이다. 그 어떤 이성적이고 논리적인 설명으로도 믿음을 줄 수 없지만, 하나님이 그의 마음에 믿음을 심으시면 그 어떤 비이성적이고 비논리적인 현상조차 그가 믿게 된다.

"… 성령으로 아니하고는 누구든지 예수를 주시라 할 수 없느니라"

(고전 12:3)

사도 바울은 마지막 날에 하나님께서 우리의 은밀한 것을 예수 그리스도로 말미암아 심판하실 것을 예언했다. 삶과 믿음의 은밀한 것, 세상 누구도 알 수 없는 나만의 진실을 하나님께서 보시고 심판하실 것이다. 어쩌면 내 믿음이 온전한 것인지 날마다 점검해 보아야 할지도 모른다. 스스로 물을 수밖에 없다.

내 믿음은 온전한 믿음인가?

"너희는 그 은혜에 의하여 믿음으로 말미암아 구원을 받았으니 이것은 너희에게서 난 것이 아니요 하나님의 선물이라 행위에서 난 것이 아니니 이는 누구든지 자랑하지 못하게 함이라"(엡2:8~9)

Part 7

그리스도교

PENSÉES

사랑하도록
하시다

PENSÉES

163 온 세상에서 불리는 시편

"온 땅이여 여호와께 즐거이 소리칠지어다 소리 내어 즐겁게 노래

하며 찬송할지어다"(시 98:4)

마호메트를 증언하는 자는 누구인가? 그 자신뿐이다.

예수님은 말씀하셨다.

"내가 만일 나를 위하여 증언하면 내 증언은 참되지 아니하되"(요

5:31)

증거는 어느 곳이나 항상 존재해야 한다. 그러나 마호메트는 혼

자다. 596

164 순서. 친구가 하나님을 찾도록 이끄는 권고의 편지

친구: "하나님을 찾는 것이 무슨 유익이 있는가? 아무런 소득이

없지 않은가?"

답변: "절망하지 마라."

친구: "어떤 빛이라도 발견한다면 기쁘겠지만, 종교는 그런 식

으로 믿으면 아무런 유익이 없다 하니 구하지 않는 것이

낫다고 생각한다."

답변: "기계 작용."[*] [247]

165 순서

인간은 그리스도교를 경멸하며, 그것이 진실로 드러나는 것을
두려워한다. 이러한 마음을 바로잡기 위해서는 먼저 그리스도
교가 이성적인 것임을 증명하고, 경외하고 존경할 만한 가치가
그 안에 있음을 보여주어야 한다. 그리고 선한 이들을 통해 그리
스도교의 진실함을 생각하게 하고, 그 진실함을 나타내어 그리
스도교를 좋아하도록 이끌어야 한다. 그리스도교는 인간의 본
성을 진실로 이해하고 있다는 점에서 경외할 만하며, 참된 행복
을 약속한다. [187]

166 맹목적이고 비참한 인간의 상태 속에서, 어두운 우주의 침
묵 속에 홀로 남아 한구석을 떠돌며, 누가 그곳에 있게 했는지,
무엇을 하기 위해 왔는지, 죽으면 어디로 가는지 아무것도 모르
는 모습은 마치 잠결에 무섭고 황량한 섬으로 옮겨졌지만 깨어
난 후에도 탈출구를 찾을 수 없는 사람처럼 두려움에 떨게 한다.
그러나 이렇게 비참한 상태임에도 불구하고 절망에 빠지지 않는

---

[*] 불가능해 보이는 영혼의 변화를 가능하게 하는 경우.

인간이 스스로 교만, 욕망, 정욕, 연약함, 비참함, 불의로
가득 차 있다는 사실을 모른다면, 그는 진실로 눈 먼 자다.

인간의 모습에 놀란다.

내 주변에는 나와 같은 처지의 사람들이 있다. 그들에게 더 좋은 소식에 관해 물으면 모른다고 대답한다. 그때 길 잃은 비참한 피조물들은 주위를 살피고, 흥미로워 보이는 일들에 집착하고 빠져든다.

하지만 나는 그러한 것에 집착할 수 없었다. 보이지 않지만 존재하는 것들을 생각하며, 하나님께서 남기신 흔적들을 탐구했다.

많은 종교 갈등을 보았지만, 하나님을 제외하고 모든 것이 잘못되었음을 깨달았다. 각각의 종교들은 권위를 이용해 믿음을 강요하고 불신자를 강압한다. 그래서 나는 그들을 믿지 않는다. 누구나 그런 식으로 예언자라고 말할 수 있으나 나는 그리스도교의 예언을 발견한다. 그 예언들은 누구나 할 수 있을 만한 것이 아니다. 693

167 인간이 스스로 교만, 욕망, 정욕, 연약함, 비참함, 불의로 가득 차 있다는 사실을 모른다면, 그는 진실로 눈 먼 자다. 또한 누군가 이 모든 것을 알면서도 구원을 바라지 않는다면, 그를 어떻게 말할 수 있을 것인가? 또한 이렇게 인간의 결함을 잘 알고 있는 그리스도교에 경외심을 느끼지 않을 수 있을까? 인간이 그토록 갈망하는 구원을 약속하는 그리스도교 외에 무엇을 더 바

라겠는가?⁴⁵⁰

168 다른 종교들의 허위성

그들은 증인이 없다. 그리스도교에는 증인이 있다. 하나님은 다른 종교들에게도 증인을 세우도록 요구하신다.

"…그들의 증인을 세워서 자기들의 옳음을 나타내고 듣는 자들이

옳다고 말하게 하여 보라"(사 43:9)

"…너희는 나의 증인이라 나 외에 신이 있겠느냐 과연 반석은 없나

니…"(사 44:8) 592

169 참된 종교는 인간이 하나님을 사랑하도록 해야만 한다. 그 어떤 종교도 이러한 명령을 하지 않았지만, 그리스도교는 그것을 당연하게 해 왔다. 참된 종교는 세상의 정욕과 연약함에 대해 잘 알아야 하는데, 그리스도교는 그것을 잘 알고 있다. 참된 그리스도교는 치유가 따라야 하는데 그 방법 중의 하나가 기도다. 그 어떤 종교도, 하나님을 사랑하고 하나님을 따르도록 기도하지 않았다. 491

170 인간의 본성에 대해 모두 이해한 후

참된 종교가 되려면 인간의 본성을 잘 알고 있어야만 한다. 인

참된 종교가 되려면 인간의 본성을 잘 알고 있어야 한다.

간의 위대함과 미약함, 양쪽의 이유를 충분히 알고 있어야 한다. 그리스도교 외에 그 어떤 종교가 그것을 알고 있는가? ₄₃₃

171 참된 종교는 우리의 의무와 연약함과 교만과 정욕을 지적하고, 이를 치유하기 위해 겸손과 절제를 가르쳐 준다. ₄₉₃

172 어떤 종교도 자신을 미워하라고 권유하지 않기 때문에, 그 어떤 종교도 자신을 미워하고 진정으로 사랑할 만한 대상을 찾는 이들을 만족하게 할 수 없다. 그러나 이러한 사람들이 굴욕당하신 그리스도교에 대해 듣게 된다면, 당장 그분의 품으로 들어갈 수 있다. ₄₆₈

173 육적인 유대인과 이교도들은 고통을 지니고 있으며, 그리스도인들도 마찬가지다. 이교도들에게는 구세주가 없고, 구원에 대한 희망조차 없다. 유대인들에게도 구세주가 없고, 구세주에 대한 그들의 희망은 헛될 뿐이다. 오직 그리스도인들을 위해서만 구세주가 존재한다. ₇₄₇

174 여러 민족과 왕들을 제압하도록 부르심 받은 유대인들은 죄의 종이고, 섬기고 따르도록 부르심 받은 그리스도인들은 자

유의 자녀다.

175 영속성

그리스도교는 인간이 영광의 자리에서 하나님과 교제하던 상태
에서 하나님과 분리되어 회한과 불화의 어두움으로 떨어졌으나,
약속된 메시아에 의해 회복될 것이라는 믿음으로 성립되었다.
그리스도교는 항상 이 땅 위에 존재해 왔다. 모든 것이 지나갔음
에도 불구하고 존재해 왔다.

인간은 세상에 처음 나타날 때부터 온갖 불의에 휩쓸려 왔지만
그 가운데에도 에녹, 라멕* 같은 거룩한 사람들이 있어서 태초에
약속된 그리스도를 인내하며 기다릴 수 있었다. 노아는 인간의
악이 극에 달하는 것을 보았고, 메시아를 소망하는 가운데 그의
민족을 구원할 책임을 지게 됨으로써 그 자신이 메시아의 표징
이 되었다.

아브라함은 하나님께서 부르시고 메시아의 기적을 보여주셨을
때 우상 숭배자들에게 둘러싸여 있었다. 이삭과 야곱의 시대에
죄가 온 땅에 가득했지만, 거룩한 이들은 믿음 가운데 살았다.
야곱은 죽음을 앞두고 그의 자녀들을 축복하며 벅찬 황홀감에
부르짖었다.

---

* 므두셀라의 아들이며 노아의 아버지, 대홍수 전의 족장이자 경건한 신앙인.

"여호와여 나는 주의 구원을 기다리나이다"(창 49:18)

애굽인들은 우상숭배와 마술에 빠졌고, 하나님의 사람들마저 그들의 법을 따라 행했다. 그러나 모세와 여러 사람들은 다른 사람들이 보지 못한 것을 보았고, 하나님을 향한 믿음으로 주께서 그들을 위해 베푸실 영원한 선물을 바라며 예배했다. 그 후에 그리스와 로마의 사람들이 거짓 신들을 세웠다.

시인들은 수백 가지의 신학을 고안했고, 철학자들은 수천 가지 학파로 분열했다. 그럼에도 불구하고 유대인들은 늘 가슴속에 그들만의 메시아를 기다리는 선민사상을 품고 있었다. 마침내 때가 이르러 메시아가 오셨다. 이때부터 수많은 교파와 이단이 나타났고, 수많은 국가가 멸망하고, 세상이 바뀌었다.

반면 교회는 흔들리지 않고 지속적으로 하나님을 예배했다. 비할 데 없이 완벽한 신을 가진 그리스도교가 끊임없는 공격 속에서 항상 살아남아 왔다는 것은 얼마나 놀라운 일인가!

사실상 교회는 수도 없이 위기에 이르곤 했다. 그때마다 하나님은 그분의 특별한 능력으로 교회를 구하셨다. 더욱 놀라운 것은 그리스도교가 폭군에 의해 구속되거나 굴복당한 적이 한 번도 없었다는 것이다. 국가는 필요에 따라 법을 바꾸며 그 자신을 존속시키기도 하지만, 율법이 가끔 필요한 역할을 했다는 것은 놀

라운 일이 아니다. 그러나…*[613]

176 영속성

메시아는 늘 믿음의 대상이 되어 왔다. 아담의 역사는 노아와 모세의 때에 더욱 새로웠다. 그 후 예언자들은 메시아에 대한 예언을 다른 사건들과 함께 전하였고, 이 예언들은 사람들이 보는 데에서 성취되었기 때문에 예언자들의 사명과 약속된 메시아에 관한 그들의 증언은 진실하게 여겨졌다. 예수 그리스도는 기적을 행하셨고, 사도들 역시 기적을 행하여 모든 이교도들의 마음을 돌아오게 하였다. 이처럼 모든 예언은 성취되고 메시아는 영원히 증명되었다. [616]

177 자연과 상식에 어긋나고, 인간의 본성에도 어긋나는 단 하나의 종교만이 항상 존재해 온 유일한 것이다. [605]

178 인간은 항상 절망과 교만의 이중적 위험에 노출되어 있으므로 은혜를 얻거나 은혜를 잃는 이중적 가능성에 놓이게 되는 것을 가르치는 데, 이보다 더 적합한 교리는 없다. [524]

---

*몽테뉴『수상록』중에서

179 순서

그리스도교가 진리임을 믿고 나서 저지를 실수를 두려워하기 보다 그리스도교가 진리임을 뒤늦게 알게 되는 실수를 두려워하는 것이 마땅하다. 241

180 참된 종교는 인간의 위대함과 비참함을 가르쳐 자존감과 자괴감을 동시에 불어넣고, 사랑과 증오의 감정 또한 동시에 깨닫도록 해야 한다. 494

181 나는 인간의 본성이 타락하여 하나님으로부터 멀어지게 된 원리를 그리스도교를 통해 배우고 난 후, 이 진리의 표징이 모든 곳에서 명백하게 나타난다는 사실을 깨달았다. 인간은 자연적으로 그의 내면과 외면, 어디에서나 상실된 하나님과 타락한 본성이 나타난다. 441

182 모든 종교에 있어서 진실함은 필수다. 참된 이교도들, 참된 유대인, 참된 그리스도인들. 590

183 증거들

1. 자연을 거스르면서도 스스로 확고하고 간결하게, 제도를 정

하고 성립된 그리스도교

2. 그리스도인의 거룩함 그리고 숭고하고 겸손한 정신

3. 성경의 기적들

4. 특별 계시로서의 예수 그리스도

5. 특별한 사도들

6. 모세와 예언자들의 능력

7. 유대민족

8. 예언

9. 영속성: 어느 종교에도 영속성은 없다

10. 모든 것을 설명하는 교리

11. 거룩한 율법

12. 세계 질서에 의함

이러한 내용들을 알고 난 후에 생명이란 무엇이며, 그리스도교란 무엇인가를 생각하며 마음이 흘러가는 대로 그리스도교를 따르도록 두어야 한다. 이렇게 따르려는 사람들을 비웃을 이유가 없다. 289

184 어떻게 이토록 많은 거짓 기적과 거짓 계시, 저주 등이 있는지 생각해 본 결과, 원인은 그 안에 진실이 있기 때문이라는 것을 깨달았다. 많은 거짓 기적은 참된 기적이 있기에 존재한다.

거짓 종교는 참된 종교가 있기 때문에 존재하며, 사실상 참된 것
이 없었다면 잘못된 것들을 상상할 수 없고, 이러한 것들이 사람
들에게 믿어지는 일도 생각할 수 없었을 것이다. 진실로 위대한
일들이 존재해 왔고, 많은 위대한 사람들이 이를 믿음으로 인해
잘못된 것들 역시 사람들에게 믿겨지는 여지가 생겼다.

따라서 거짓 기적이 너무 많기 때문에 참된 기적이 없다고 결론
짓기 보다 참된 기적이 있기 때문에 거짓된 것들이 존재한다고
말해야 한다. 참된 종교가 존재하므로 거짓 종교도 있는 것이다.
야만인도 종교가 있지 않느냐고 반박할 수 있겠지만, 그들의 거
짓 종교 역시 참된 종교에 대해 알고 있기 때문에 생겨났다. 이는
사도 안드레의 십자가[*], 대홍수, 할례와 같은 사건들을 통해서 알
수 있다. 인간의 정신이 진리에 의해 인도되므로 잘못된 것들에
대한 영향 역시 지속되고 있다. [818]

185 그리스도교가 유일한 종교가 아니라는 사실에 대해
이는 그리스도교가 참된 종교가 아니라고 하는 근거가 아니라
오히려 그리스도교가 참된 종교임을 증거한다. [589]

186 나는 다른 종교를 거부한다. 따라서 모든 반대에 대한 답

---

[*] 베드로의 형제. 소아시아, 스키티아, 그리스에서 전도하다가 X자형 십자가에 달려 순교함.

을 찾는다. 성스러우신 하나님이 마음이 순결한 자에게만 자신을 드러내시는 것은 당연하다. 이 점에서 그리스도교는 나를 매료했다.

그리스도교는 충분히 고결한 도덕성을 갖추고 있지만, 그 이상의 것을 발견하게 한다. 인류가 존속해 온 이래 그 어느 민족보다 앞선 민족이 존재해 왔다는 사실을 알게 된다.

인간은 계속 타락해 왔고, 구세주 출현이 예언되어 왔다. 이는 수없이 많은 사람들에 의해서 한 민족에 의해 4천 년에 걸쳐서 분명하게 전해져 왔다. 그분이 오시기 전 한 민족이 그분에 대해 예언했고, 그분이 오신 후 한 민족이 그분을 예배했다.

그분이 오시기 전에 일어난 일들과 그분이 오신 후에 일어난 일들. 그분이 오시기에 앞서 세워진 교회, 그분이 오신 후에 생겨난 우상도 왕도, 비참하게도 예언자도 없는 자들. 그들은 모두가 적이었으므로 그분은 예언의 진실을 밝혀 줄 수 있는 훌륭한 증인이 되셨다. 그들의 비참함과 맹목적을 예언하셨던 것이다. 마침내 유대인들은 우상도 왕도 없게 되었다. 유대인들에게 예언된 어둠이 찾아왔다.

"맹인이 어두운 데에서 더듬는 것과 같이 네가 백주에도 더듬고…"

〈신 28:29〉

"그러므로 모든 계시가 너희에게는 봉한 책의 말처럼 되었으니 그것을 글 아는 자에게 주며 이르기를 그대에게 청하노니 이를 읽으라 하면 그가 대답하기를 그것이 봉해졌으니 나는 못 읽겠노라 할 것이요"(사 29:11)

왕권은 아직 첫 번째 강탈자의 손에 있었다.

예수 그리스도의 강림에 대한 소식.

나는 그리스도교의 권위와 영속성, 영구성과 도덕성, 품행과 그 결과의 신성함을 보며 그 독창성과 거룩함에 경탄한다. 그래서 구세주에게 손을 내민다. 4천 년 동안 예언되어 왔고, 그 예언의 때에 나를 위해 이 땅에 오셔서 고통 당하시고 죽으신 분. 그분의 은혜로 인해 나는 그분과의 영원한 연합을 소망하며 평화롭게 죽음을 기다린다. 한편, 그분이 내게 베풀어 주신 행복 가운데에서 그분의 죽음으로 가르쳐 주신 인내로써 고난 중에도 오직 기쁨으로 살아간다. [737]

187 사람들은 생각하고 싶지 않은 것은 생각하지 않을 수 있다. 유대인들은 '메시아에 관한 장절(章節)은 묵상하지 말라'고 자녀에게 가르친다. 지금의 사람들도 자주 이렇게 말한다. 이와 같이 참된 종교가 거짓 종교와 함께 많은 사람들에게 이어져 왔다. 그러나 생각을 통제하지 못하는 사람들도 있다. 그들은 금지된 생각을 더 많이 하는데, 이는 그들이 확실한 논증을 발견하지 않

는 한 거짓 종교뿐 아니라 참된 종교도 믿지 못하게 한다. ₂₅₉

188 그리스도교는 지혜롭기도 하고 어리석기도 하다. 지혜로운 면은 무엇이든지 밝혀내며 기적이나 예언의 가장 견고한 토대를 가졌다는 것이다. 어리석은 면은 이러한 지혜로운 면들이 인간을 영접하지 못하게 하는 데 있다. 지혜로운 면은 믿지 않는 이들을 정죄할 근거가 되지만, 그로 인해 믿음을 갖게 하지는 못한다. 믿음을 줄 수 있는 것은 십자가뿐이다.

"…그리스도의 십자가가 헛되지 않게 하려 함이라"(고전 1:17)

바울은 지혜와 표적을 지녔지만, 자신은 지혜나 표적을 위해서가 아니라 오직 회개하기 위하여 왔다고 말한다. 그러나 설득을 하려고 온 자는 지혜와 표적을 증거하러 왔다고 말해도 좋다. ₅₈₈

QT

하나님의 능력

　선택한 민족을 버림받게 하는 종교가 존재할 수 있는가? 가장 어두운 곳에서 빛을 발견하고, 가장 밝은 곳에서 비참함을 발견하게 하는 종교가 존재할 수 있는가?

　인간의 위대함과 비참함을 알려주는 종교, 세상의 기준과 다른 기준을 가진 종교, 그 유일하지 않음이 참된 종교임을 증거하게 하는 종교, 자연과 상식에 어긋나고, 인간의 본성을 거스르는 종교, 증오와 경멸과 두려움의 대상이 되는 종교, 이것이 그리스도교다.

　"십자가의 도가 멸망하는 자들에게는 미련한 것이요 구원을 받는 우리에게는 하나님의 능력이라"(고전 1:18)

Part 8

교회

P E N S É E S

빛과 어둠이
공존하는 곳

PENSÉES

189 교회의 역사는 진리의 역사로 불리는 것이 당연하다. ₈₅₈

190 교회에 있어서 가장 이상적인 상태는 하나님만 의지할 수밖에 없는 상태다. ₈₆₁

191 **빛과 어둠**

진리가 눈에 보이는 징표가 없었다면 어둠이 더 짙었을 것이다. 그 신뢰할 만한 징표는 늘 우리 곁에 있는 교회와 신앙 공동체 안에 있다. 교회 안에 오직 한 가지 주장만 있다면 그 빛은 지나치게 강할 것이다. 참된 진리는 항상 그곳에 존재해 왔다. 그러나 거짓된 진리는 그곳에 존재할 수 없다. ₈₅₇

192 자신이 죽지 않는다는 확신만 있다면 폭풍을 맞는 배에 타고 있는 것도 어느 정도는 즐거운 일일 것이다. 계속 박해를 당하는 교회 역시 이와 같다. ₈₅₉

193 교회, 교황, 단일, 다수

만일 교회가 하나로 간주된다면 교황은 그 수장으로서 전체를 대표한다. 만일 교회가 다수로 간주된다면 교황은 단지 한 부분일 뿐이다. 교부들은 교회를 때론 하나로, 때론 다수로 보곤 했다. 그러므로 교황*에 대해서도 여러 가지 견해가 있었다.

그들은 두 가지 진리 중 어느 하나를 놓고 다른 쪽을 배척하지는 않았다. 하나가 되지 않는 다수는 혼란을 부르고, 다수에 의존하지 않는 하나는 독재를 부른다. 프랑스는 이제 공의회가 교황보다 위에 있다고 말하는 유일한 곳이 되었다. [871]

194 교회에는 세 부류의 적이 있다.

첫째 부류는 교회에 소속되어 본 적이 없는 유대인, 둘째 부류는 교회로부터 벗어난 이단자, 셋째 부류는 내부로부터 분열을 일으키는 악한 그리스도인이다. 이 세 부류의 서로 다른 적들은 항상 다양한 방식으로 교회를 공격한다. 한편, 그들이 같은 방법으로 교회를 공격하는 경우가 있다. 그들은 다른 기적을 갖고 있지 않은데 비해 교회가 이에 대해 항상 기적을 베풀어 왔으므로 그들은 모두 기적을 무시한다. 반면에 교리는 기적으로 판단해서는 안 되며, 기적을 교리로 판단해야 한다는 궁색한 변명을 하곤

---

* 키프리아누스 교부, 하나님의 제사장.

했다. 예수 그리스도께 귀기울인 자들 중에도 두 부류가 있었다. 한 부류는 기적을 보고 교리를 좇는 자들, 또 한 부류는 이렇게 말한 사람들이다.

　"…귀신의 왕을 힘입어 귀신을 좇아낸다 하니"(막 3:22)

칼뱅 시대에도 두 부류가 있었고, 지금은 예수회와 또 다른 무언가가 있다…. 840

195 교회는 가르침을 주고, 하나님은 영감을 불어넣어 주신다. 어느 것이나 전혀 오류가 없다. 교회의 사역은 단지 하나님께서 은혜를 베푸시거나 심판을 준비하시는 데 있어 도움을 주기 위한 것에 지나지 않는다. 심판을 위해 하나님의 영감 이외에 무엇이 더 필요하겠는가. 881

196 회개의 증거가 없는 고백과 죄사함에 대하여

하나님은 내면을 보시지만 교회는 외면만으로 판단한다. 하나님은 마음의 회개를 아시고 곧 용서해 주시는 반면, 교회는 사람의 행적을 보고 판단한다. 하나님은 내적으로 순수한 교회를 만드셔서 내적이고도 영적인 거룩함을 통해 교만한 자와 바리새인들의 내면에 있는 불신앙을 좌절시키고자 하신다.

반면에 교회는 외면적 행위가 순수한 자들을 모아 이방인의 행

교회는 거룩하게 보이는 그들의 행위에 의해

명예를 손상당하지는 않는다.

위를 비난하고자 한다. 그들 중의 일부가 위선자라도 해악을 알지 못하도록 위장을 잘한다면 교회는 그들을 수용하게 된다. 그들이 하나님께는 용납되지 않더라도 속임을 당하는 인간에게는 용납되기 때문이다. 교회는 거룩하게 보이는 그들의 행위로 인해 명예를 손상당하지는 않는다.

당신은 내면이 하나님께만 속해 있다는 이유로, 교회를 내면적으로 판단하려 하지 않으며, 하나님께서 내면을 중시하신다는 이유로 교회를 외면적으로 판단하려 하지 않는다. 따라서 교회 안에 진실한 자들은 사라지고, 타락하고 불경건한 자들만이 남게 된다. 이들은 유대인 회당이나 철학자들의 학파에서도 무익하고 불경건하여 따돌림을 당하는 존재들이다. 905

197 초대교회에 문제가 있었다면 오늘날의 교회는 몰락하고 말았을 것이다. 그러나 오늘날의 교회가 타락하는 이유는 과거와 같지 않다. 교회는 초대교회로부터 내려오는 신앙을 하나의 전통 규범으로 여기고 전승하고 있다. 초대교회의 복종과 일치가 모든 일을 다스리며 바르게 한다. 그러나 초대교회는 우리가 초대교회를 그려 보거나 생각하는 것처럼 미래의 교회를 염두에 두고 생각하지 않았다. 867

198 교회는 예수 그리스도가 하나님이심을 부인하는 자들로 인해 이를 증명하기 위한 많은 어려움을 겪었다. 예수 그리스도가 인간이셨음을 증명해야 했을 때도 마찬가지였다. 그러나 이 두 가지 모두 분명한 사실이다. 764

199 아우구스티누스가 오늘날 나타나더라도 당시 지지자들이 누리던 권위가 없다면 아무것도 성취하지 못할 것이다. 하나님은 일찍이 그를 보내시며 권위를 주셔서 교회를 바로 잡도록 하셨다. 869

200 현재 교회를 과거 교회와 비교하는 데 있어서 어려움은 아타나시우스 교부*나 테레사 수녀**가 그들의 영광과 연륜으로 인해 신적 존재로서 여겨진다는 점이다. 지나간 시대의 것들은 시간이 흘러 오늘날 모든 것이 분명히 밝혀지게 되었으나, 그들이 박해받던 시절에는 위대한 교부도 '아타나시우스'라고 불리는 한 남자였을 뿐이며, 테레사 수녀 역시 유별난 여자일 뿐이었다.

"엘리야는 우리와 성정이 같은 사람이로되…"(약 5:17)

베드로가 이처럼 말한 것은 성자들의 훌륭한 규범을 실정과 맞

---

* 그리스의 교부이자 성인. 아리우스와 반대되는 삼위일체 설(說)을 주장함.

** 1515년 에스파냐 출생. '예수의 성녀 테레사'라고도 불림. 영성가, 여성 최초의 교회학자.

지 않다는 이유로 거부하고자 한 잘못된 그리스도인들을 배척하기 위함이었다. 이들은 그들을 성도들과 다른 사람으로 구분했다. 그 당시에 무슨 일이 있었을까?

아타나시우스 교부는 여러 죄목으로 기소되어 공의회에서 비난을 받았다. 모든 사제들이 그의 유죄판결에 동의했고 교황마저 합세했다.

이를 반대한 사람들은 평화를 깨뜨리고 분열을 야기하는 자들로 간주되었다. 네 종류의 인간. 지식없는 열정을 가진 자, 열정없는 지식을 가진 자, 지식도 열정도 없는 자, 지식과 열정을 가진 자. 처음 세 부류 사람들은 그를 비난했다. 마지막 부류의 사람들은 그를 무죄로 여겼기 때문에 교회에서 파문을 당했다. 그러나 그들이 비로소 교회를 구한다.

열정과 빛. 868

QT
빛과 어둠, 교회

파스칼은 교회를 빛과 어둠이 공존하는 곳으로 생각했다. 교회의 역사가 진리의 역사라는 의미는 교회가 진리만을 드러낸다는 의미는 아닌 듯하다. 하나님은 사람의 내면을 보시지만 교회는 외면적인 모습으로 판단하기 때문에 사람의 눈을 속일 수 있는 자들이 오히려 교회의 자리를 차지하게 된다고 본 파스칼은 교회에서 살아남는 부류를 타락하고 불경건한 자들로 간주했다.

이 때문에 교회 안에 진실된 믿음을 가진 자들은 소수만 남는 현실이 되는 것이다. 오히려 교회가 가장 온전한 모습으로 존재할 때는 교회가 외부의 박해를 받아 그 존립이 위태로운 시기였다.

"베드로가 예수께 여쭈어 이르되 주여 우리가 여기 있는 것이 좋사오니 만일 주께서 원하시면 내가 여기서 초막 셋을 짓되 하나는 주님을 위하여, 하나는 모세를 위하여, 하나는 엘리야를 위하여 하리이다"(마 17:4)

Part 9

예언

PENSÉES

복음을 믿도록
할 뿐만 아니라

PENSÉES

201 미래에 일어날 일을 분명하게 예언하고, 눈을 멀게 하거나 눈을 뜨게 하는 의도를 선포하며, 미래에 일어날 확실한 일들 위에 모호함을 더한 그분을 경외하지 않을 자가 누구인가?756

202 이는 모두 같은 것이다.

"그들이 다시는 각기 이웃과 형제를 가르쳐 이르기를 너는 여호와를 알라 하지 아니하리니 이는 작은 자로부터 큰 자까지 다 나를 알기 때문이라…"(렘 31:34)

"너희 젊은이는 이상을 볼 것이며"(욜 2:28)

예언은 하나님에 관한 것이며, 외적 증거에 의하지 않고 내적이고 즉각적인 감정으로부터 오는 것이다. 732

203 **예측**

메시아의 때, 그분은 출애굽 사건마저 잊게 하실 새 언약을 세우러 오시리라고 예언되었다.(렘 23:7, 22:5, 사 43:12) 새 언약은 그 율법이 외부가 아닌 그들의 마음속에 새겨지게 될 것이며, 이는 그때까지 외면적으로만 나타났던 메시아에 대한 두려움을 마음속에 지니게 되는 것이라고 예언되었다. 이 모든 점에서 그리스도의 율법을 보지 못할 자가 있을까?[729]

204 예언

처음에는 유대 민족에 의해, 다음엔 이방 민족에 의해, 그리고 성전을 통해 오랫동안 끊임없이 예언되었다. [708]

205 예수 그리스도를 가장 비중있게 증거하는 것은 예언이다. 예언은 하나님께서 장래를 위해 예비하신 것이며, 예언의 성취는 교회의 탄생부터 종말에 이르기까지 지속될 하나의 기적이다. 하나님은 1천 6백 년에 걸쳐 예언자들을 세우셨고, 이후 4백 년간 유대인들과 함께 세상 곳곳에 예언을 전하셨다. 예수 그리스도의 탄생은 이렇게 준비되었으며, 복음은 온 세상이 믿어야 하는 것이 되었고, 예언은 복음이 믿어지도록 도왔을 뿐만 아니라 전 세계에 널리 퍼지게 함으로써 온 세상이 복음을 받아들일 수 있게 했다. [706]

206 동일한 사건을 여러 가지 방법으로 예언하는 일에는 담대함이 필요하다. 우상을 숭배하는 제4왕조, 유대 왕국의 몰락, 70

주간에 대한 예언이 동시에 일어나야 했다.* 또한 이 모든 것은
제2의 성전이 파괴되기 전에 일어나야 하는 것이었다. ₇₀₉

207 예언

애굽인의 회심.

> "그 날에 애굽 땅 중앙에는 여호와를 위하여 제단이 있겠고 그 변
> 경에는 여호와를 위하여 기둥이 있을 것이요"_(사 19:19)

참된 신, 하나님에게 바쳐진 애굽의 제단. ₇₂₅

208 예언

오직 한 사람만이 예수 그리스도 재림의 시기와 그 방법을 기록
했고, 예수께서 그 예언과 동일하게 오셨다고 해도 이는 매우 믿
을 만한 사실일 것이다. 그러나 그 이상의 일이 있었다. 4천 년
동안 일련의 사람들이 변함없이 꾸준하게 예수 그리스도의 재림
을 예언해 온 것이다. 이를 선포한 것은 한 민족 전체였다. 이 민
족은 4천 년간 그들의 확신을 희생적으로 증언했다. 그 어떤 위
협과 박해도 그들의 확신을 포기시키지 못했다. 이는 분명히 다
른 차원의 중요한 의미를 지니고 있다. ₇₁₀

---

* 네 백성과 네 거룩한 성을 위하여 일흔 이레를 기한으로 정하였나니 허물이 그치며 죄가 끝나며 죄악이 용서되
며 영원한 의가 드러나며 환상과 예언이 응하며 또 지극히 거룩한 이가 기름 부음을 받으리라(단 9:24)

209 상징

유대인들은 육적 사고에 오랫동안 젖어 있었다. 하나님은 그들의 조상인 아브라함과 그의 혈육을 사랑하셨다. 하나님은 그들을 번창하게 하시고, 다른 민족과 섞여 고통받지 않도록 따로 구별하셨다. 유대인들이 애굽에서 신음할 때 하나님은 많은 기적을 행하시어 그들을 이끌어 내셨고, 광야에서 만나로 먹이시며 젖과 꿀이 흐르는 가나안 땅으로 인도하셨다. 그들에게 주신 땅 위에 성전을 지어 제사를 드리게 함으로써 희생 제물의 피로 인해 정결하게 하셨다. 마침내 하나님은 그들에게 메시아를 보내시어 세상을 다스리실 그분의 오심을 예언하셨다.

세상이 이러한 육신적인 미망 속에 흘러가는 동안에 예수 그리스도께서 예정된 시기에 오셨다. 그분은 찬란한 영광 가운데 오지 않으셨기 때문에 그들은 그분을 메시아로 생각하지 않았다.

그리스도께서 죽으신 후 사도 바울은 그들에게 훈계했다. 하나님의 나라는 영적인 곳이며, 인간의 적은 바벨론이 아니라 그들 자신이며, 하나님은 손으로 지은 성전보다 겸손하고 순수한 마음을 기뻐하시는 분임을. 인간에게 무익한 육체의 할례보다는 마음의 할례가 필요하며, 하늘의 만나를 모세가 내리지 않았다는 것을.

하나님은 백성에게 모든 것을 분명히 밝히지는 않으셨다. 그들은 그럴 만한 자격이 없었기 때문이다. 단지 하나님은 그들에게 믿음이 생기도록 이러한 일들을 미리 예언해 두셨다. 시기에 대해서도 언급하지 않으셨고, 언급하시더라도 상징적으로 하셨다. 이는 하나님을 사랑하는 자들이 그 상징의 의미를 깨닫고 찾게 하기 위함이셨다.

사랑에 이르지 못하는 모든 것들은 상징이다. 성경의 유일한 목적은 사랑이다. 이 유일한 선으로 이끌지 않는 모든 것은 다 상징이다. 오직 하나의 목적만 존재하기 때문에 이에 도달하지 못한 것은 상징이라고 할 수밖에 없다.

우리에게 필요한 것은 오직 사랑이지만, 우리가 변화를 좋아하기 때문에 하나님은 '사랑'이라는 한 가지 목적을 가르치시기 위해 여러 가지 방법으로 우리의 호기심을 채우신다. 유대인들은 상징을 좋아하고 그것을 지나치게 기대했기 때문에 예언에 따라 진리가 나타났을 때 알아보지 못했다. 율법학자들은 신부의 유방*도 상징으로 받아들였다. 그들의 유일한 목표, 땅 위의 재화를 나타내지 않는 것을 전부 상징으로 생각했다. 그리스도인들은 성만찬마저 영광의 상징으로 생각했다. 670 ++

---

* 아 4:5

210 예언

제4왕조에 제2성전이 파괴되기 이전, 유대인들의 통치권이 박탈되기 전에 '다니엘의 70주간'인 제2성전이 존속하는 동안 이방인들은 가르침을 받아 유대인들이 섬기는 하나님을 알게 되리라(슥 8:23). 그분을 사랑하는 자는 적으로부터 해방되고, 하나님에 대한 경외와 사랑으로 충만하게 될 것이다.

그리고 제4왕조에 그 일이 일어났다. 제2성전이 파괴되기 전, 많은 이방인들은 하나님을 예배하고 천사 같은 삶을 추구했다. 처녀들은 하나님께 순결을 다해 삶을 드렸고, 남자들은 일체의 쾌락을 포기했다. 플라톤일지라도 몇몇 교양 있는 사람들조차 믿도록 하기 어려운 일을 어떤 신비한 힘이 수만의 무지한 사람들을 설득하여 믿도록 한 것이다. 부자들은 자기의 재산을 포기하고 아이들은 호사로운 부모의 집을 포기하고 광야의 길을 선택한다.*

(유대인 필론의 책을 읽어보라.) 이 모든 것이 무엇을 의미하는가? 이는 오래 전에 예언되어 있었다. 2천 년 동안 어떤 이방인도 유대인의 하나님을 예배하지 않았지만, 예언이 있은 후에는 유일하신 하나님을 예배하게 되었다. 성전이 파괴되고 왕들도

---

* Philon ㅣ 고대 알렉산드리아의 유대인 철학자이자 유대인 사회의 지도자, 《구약성서》를 플라톤의 사상을 원용하여 비유적으로 해석함.

십자가에 굴복하게 되었다. 이 모든 것이 무엇을 의미하는가?

이것은 온 세상에 하나님의 영이 퍼진 것을 의미한다. 모세 때부터 그리스도 예수의 때까지 율법학자들의 말에 의하면 어느 이방인도 예수를 믿지 않았다. 그러나 예수 그리스도 이후에는 많은 이방인들이 모세의 기록을 믿고 그 본질과 정신을 지키며, 그 가운데 쓸모없는 것들은 배척했다. 724

211 육적 유대인들은 그들의 예언에 언급된 메시아의 위대함과 겸허함을 깨닫지 못했다. 메시아가 다윗의 자손인 동시에 주님이 되시며, 아브라함 이전에 계셨고, 아브라함을 보신 것에 대해 기록한 것을 깨닫지 못했다. 그들은 메시아의 위대함이 영원성에 있다고 믿지 않았으며, 그분의 수난과 죽음 가운데에서도 그분을 알아보지 못했다. 그들은 "그리스도가 영원히 계신다"(요 12:34)고 말하면서 '이 사람은 죽을 것이다'라고 했다.

그러므로 그들은 메시아가 죽을 자라고 믿지 않으면서도 그분이 불멸하고 영원하실 것이라는 사실도 믿지 않았다. 그들은 오직 메시아의 육적인 위대함만을 구했다. 662

212 그의 첫 번째 강림은 의도적으로 예언되었으나 두 번째 강림은 예언되지 않았다. 첫 번째의 것은 감추어지는 데 의미가 있

었고, 두 번째의 것은 영광 가운데 있었고, 적들도 그분을 인정하지 않을 수 없을 정도로 확실해야 했다. 그러나 첫 번째 강림은 모호함 속에 오직 성경을 철저히 탐구한 사람들만이 알아볼 수 있을 정도로 은밀히 그분이 오실 예정이었다. 757

213 모세는 가장 먼저 삼위일체, 원죄, 메시아에 대해 가르쳤다. 다윗은 위대한 증인이다. 선하고 긍휼한 왕, 고귀한 영혼, 지혜와 힘을 지녔고, 그가 예언하고 나서 이루어진 기적들은 셀 수도 없다. 그에게 허영심이 있었다면 자신을 '메시아'로 부르면 되었다. 예수 그리스도의 예언보다 그의 예언이 더욱 명확했기 때문이다. 세례 요한의 경우도 마찬가지였다. 752

214 예언자들이 율법을 지키려는 동안 사람들은 무관심했다. 그러나 예언자들이 더 이상 존재하지 않게 되자 열정이 무관심의 자리를 차지했다. 703

215 상징

초상화에는 부재와 존재, 쾌감과 불쾌감이 공존한다. 현실은 부재와 불쾌감을 배제한다. 율법과 제사가 현실인지 상징인지를 알기 위해서는 예언자들이 이러한 것들을 이야기할 때에 그들의 생각이 단지 그것에만 국한된 것이 아닌지 살펴보아야 한다. 단지 구약만 보았는지 혹은 거기에서 상징하는 다른 것을 보았는지를 말이다. 우리는 오직 드러나 있는 것들의 상징만을 보기 때문이다. 이를 위해 우리는 예언자들이 어떻게 이야기하고 있는지를 살펴야 한다. 그들이 율법이 영원하다고 말할 때 율법이 변하리라고 한 그 계약이 바뀔 것을 의미하는 것인가? 제사의 경우도 마찬가지다.

암호는 두 가지 의미가 있다. 중요한 편지를 보면 그 뜻이 확실하더라도 우리가 듣는 장소에 따라 의미가 모호하며 감추어지기도 한다. 사실상 우리가 보더라도 보는 것이 아니고, 듣더라도 듣는 것이 아니다. 결국 두 가지 의미를 갖고 있는 암호라고밖에는 생각할 수 없지 않은가?

현실적인 의미에서 더욱 명확한 모순을 발견한다. 예언자들은 이스라엘이 영원히 하나님의 사랑을 받을 것이며, 율법이 영원히 지속될 것을 확실하게 예언했다. 또한 그 누구도 그 뜻을 이해할 수 없을 것이며, 그 의미는 감추어져 있다고 했다. 그렇다면 우리를 위해 이 암호를 해독하고 감추어진 뜻을 가르치는 자는 얼마나 위대한 존재인가! 특히 그가 이끌어 낸 원리가 온전히 자연스럽고 명료하다면 말이다.

예수 그리스도와 제자들이 그 일을 행했다. 봉인을 깨뜨리고 베

일을 벗겨 내어 그 내용을 밝히기 위해 우리에게 인간의 적은 자신의 욕망이라는 것을 깨닫게 했다. 메시아는 영적인 존재로서 그의 나라 또한 영적인 곳이다. 두 번의 강림 가운데 한 번은 교만한 자들을 겸손하게 하려고 비참한 모습으로 오셨고, 다른 한 번은 겸손한 자를 높이려고 예수 그리스도가 하나님이며 인간이심을 알게 하는 영광스러운 모습으로 오신다. 678

216 예언자들이 메시아가 오심을 나타내는 다양한 징표들을 주었으므로 이 모든 징표들은 동시에 일어나야만 했다. '다니엘의 70주간'이 지났을 때 제4왕조가 도래했어야 하며, 그때 왕권은 유다로부터 떠나야 했다. 이 모든 것들은 아무런 어려움 없이 이루어졌다. 그리고 메시아가 와야만 했을 때 그리스도가 오셨고, 스스로 '메시아'라고 하며 오셨으므로 이 역시 아무런 어려움 없이 이루어졌다. 이는 명백히 예언의 진실성을 입증한다. 738

217 **예언**

유대인은 예수 그리스도를 버리고 하나님으로부터 버림받을 것이다. 선택된 포도나무는 들포도만 열매 맺도록 되어 있기 때문이다. 선택받은 백성은 신실하지 않고 감사를 모르며 믿음이 없는 자가 될 것이다.

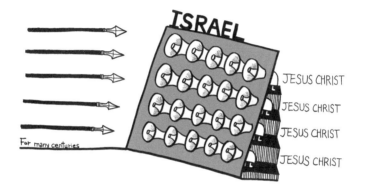

예언자들은 이스라엘이 영원히 하나님의 사랑을 받을 것이며,
율법이 영원히 지속될 것을 확실하게 예언했다.

"순종하지 아니하고 거슬러 말하는 백성…"(롬 10:21)

하나님께서 그들의 눈을 멀게 하셔서 그들은 한낮에도 맹인처럼 더듬으며 다니게 될 것이다.

"…내가 내 사자를 보내리니 그가 내 앞에서 길을 준비할 것이요…"(말 3:1) 735

218 우상의 산당들은 파괴되고, 온 열방과 민족이 그분에게 동물의 피로 드려지는 것이 아닌 순전한 희생의 제사를 드리게 될 것이다. 또한 유대인과 이방인의 왕인 예수 그리스도는 그분을 살해하려고 공모하는 두 민족으로부터 박해를 받으나, 결국 두 민족을 모두 다스리며 예루살렘에서 모세의 예배를 폐하고 로마에서 우상숭배를 타파한다.

그분은 예루살렘에 최초의 교회를 세우고 우상숭배의 중심지였던 로마를 교회의 중요한 기지로 만든다.

"…내가 그 우상들을 없애며 신상들을 놉 가운데에서 부수며 애굽 땅에서 왕이 다시 나지 못하게 하고 그 땅에 두려움이 있게 하리라"

(겔 30:13) 730

219 복음서의 기자들에게 누가 영웅적인 영혼이 무언가를 온전하게 가르쳐 주었는가? 그들은 어떻게 예수 그리스도 안에서

그 영혼을 완벽하게 묘사했을까? 고통 가운데 있는 그분의 모습을 어쩌면 이토록 약하게 묘사했을까? 그들은 확고한 죽음을 묘사하는 방법을 모르는가? 그렇지 않다. 스데반의 죽음은 예수의 죽음보다 더 의연하게 그려졌다. 그들은 그가 죽음 앞에 설 때까지 예수를 경외할 줄 아는 사람으로, 그리고 온전히 강한 사람으로 그려놓았다. 예수께서 극한의 고통 한가운데 있는 모습이 그려진 것은 예수께서 고통 가운데 있을 때였으며, 사람들이 수난에 빠뜨릴 때 그분은 이미 의연한 상태였다. 800

220 다윗 자손의 영원한 통치, 역대하

모든 예언과 언약에 의해, 그러나 현재는 이루어지지 않았다.(렘 33:20) 718

221 영속

모든 것을 생각해 보자. 태초부터 메시아를 향한 갈망과 예배가 끊임없이 이어져 왔고, 하나님께서 그들 가운데 구세주가 날 것이고, 그의 백성을 구원할 것을 계시하셨다고 말하는 사람들이 있었다. 아브라함은 사람들에게 자손 중에 메시아가 날 것이라고 말했으며, 야곱은 열두 아들들 중 유다 자손에 구세주가 날 것을 선포했고, 모세와 예언자들은 메시아가 오실 시기와 방법을 예언했다. 그들은 율법이 메시아가 오실 때까지 지속될 것이고, 메시아의 새로운 법이 영원히 지속될 것이라고 말했다.

이러한 방식으로 그들의 율법과 거기에 약속되어 있는 메시아의 법은 사실상 늘 지속되어 왔다. 마침내 예수 그리스도께서 정확히 예언된 모습대로 오셨다. 이 모든 것이 참 경이롭다. [617]

222 상징들

하나님은 그분의 거룩한 민족을 만드시고, 다른 모든 민족들로부터 구별하시며, 적들로부터 구원하여 그들을 안식의 땅으로 인도하기 위하여 메시아가 오실 시기와 방법들을 예언자들을 통해 알도록 하셨다. 택함 받은 민족들의 소망을 더욱 굳건히 하기 위하여 모든 시대에 이 모든 일의 형상을 보여주셨다. 하나님은 그들의 곁에서 권능과 구원에 대한 의지를 드러내셨다.

아담은 창조의 때에 증인이었으며, 여자의 자손 가운데 구세주가 날 것을 약속받았다. 당시는 창조의 때와 가까웠으므로 인간은 창조와 타락에 대하여 기억하지 않을 수 없었다. 이 세상에 더 이상 아담을 본 자가 남지 않게 되었을 때 하나님은 노아를 보내셨고, 기적을 통해 온 세상을 물에 잠기게 하고 노아를 구하셨다. 이로 인해 하나님은 세상을 구원할 하나님의 권능을 명확하게 드러내셨고, 그분이 약속한 자가 여자의 씨앗에서 태어나게 될 것을 약속하셨다.

이 기적은 선택받은 민족의 소망을 굳건하게 하기에 충분했다. 홍수의 기적이 생동하고 노아도 아직 살아 있을 무렵, 하나님은 아브라함에게 약속을 주셨고, 셈이 아직 살아 있는 동안에 모세에게 약속을 주셨다. [644]

223 예언. 다윗에게는 항상 후계자가 있으리라는 약속.

"…내 종 다윗의 자손과 나를 섬기는 레위인을 번성하게 하리라 하시니라"(렘 33:22) [717]

224 예수 그리스도를 메시아로 받아들이지 않기 위하여 그분을 살해함으로써 유대인들은 그분이 메시아였다는 최후의 입증을 하게 되었다. 또한 그분을 인정하기를 거부함으로써 그들은 비난의 여지가 없는 증인이 되었다. 그들은 그분을 죽이고 그분을 부정함으로 예언을 실현시켰다. [761]

225 **실현된 예언**

왕상 13:2. 왕하 23:16. 수 6:26 – 왕상 16:34 – 신 33, 말 1:11.

유대인의 제사는 받아들여지지 않았고, 이방인(예루살렘 외 지역조차)과 모든 장소에서의 제사가 받아들여졌다.

모세는 죽기 전에 이방인들이 부르심을 받을 것과 유대인들이 버림받을 것을 예언했다.

"그들이 하나님이 아닌 것으로 내 질투를 일으키며 허무한 것으로 내 진노를 일으켰으니 나도 백성이 아닌 자로 그들에게 시기가 나게 하며 어리석은 민족으로 그들의 분노를 일으키리로다"(신 32:21)

모세는 각 지파에게 일어날 일들을 예언했다. 714

226 유대인은 하나님을 증거한다.(사 43:9, 44:8) 714

227 "그들의 마음을 완악하게 하여" 정욕을 일으키게 하고 그것을 충족하기를 바라도록 한다. 714

228 사람은 예언이 실제로 일어나는 것을 본 후에야 비로소 예언을 이해하게 된다. 그리고 묵상, 기도, 체험 등의 증거는 단지 그것을 이미 알고 믿는 자들에게만 증거가 된다.

완전히 외적인 율법 안에서 철저히 내면적이었던 요셉. 외면적 회개는 내면적 회개로의 준비 과정이며, 자기를 낮추는 것이 겸손을 향한 준비인 것이다. 그러므로… 698

229 예언

너희의 이름이 나의 택한 백성에게 저주가 되도록 할 것이며, 그들에게 다른 이름을 줄 것이다. (사 65:15) 714

230 예언

아모스와 스가랴. 그들은 의인을 팔아넘겼고, 이로써 그들은 더이상 불리지 않았다. – 배신당한 예수 그리스도.

애굽이 잊혀질 것이다. (사 43:16~19, 렘 33:6~7)

예언. 유대인들은 온 사방으로 흩어질 것이다. (사 27:6)

새로운 율법. (렘 31:31)

제2의 영광스러운 성전. 예수 그리스도가 그곳에 오실 것이다. (학 2:7~10, 말라기 3:1) 그로티우스 (『종교의 진리에 대해서』 5권 14장).

이방인의 부르심. (욜 2:28, 호 2:24, 신 32:21, 말 1:11) 715

231 예언. 그들이 찌른 자 (슥 12:10)

구세주가 올 것이다. 그는 사단의 머리를 부수는 자이며, 백성을 모든 죄악에서 구원할 자다. 그때 영원히 지속될 새 언약이 있을 것이고, 멜기세덱의 반차를 좇아 새 제사장 (히 5:10)이 되실 것이고, 영원히 지속될 것이다.

그리스도는 영광과 전능자시며, 그럼에도 비참함 가운데 계셔서 인정받지 않으시고 거절당하고 죽임을 당하실 것이다. 그분을 부인한 백성들은 더 이상 그분의 백성이 아니며, 우상숭배자들이 우상을 받아들이고 의지하며, 그분은 시온을 떠나 우상숭배의 중심에서 통치할 것이다.

유대인들은 영원히 존속할 것이며, 그분은 유대민족의 한 사람으로서 왕이 없을 때 태어난다. ₇₃₆

232 메시아의 생애 동안

수수께끼. (겔 17:2)

그분을 예비하는 자. (말 3:1)

한 아기가 태어날 것이다. (사 9:6)

그분은 베들레헴에서 태어날 것이다. (미 5:6)

그분은 예루살렘에 나타나며 유다와 다윗의 혈통에서 태어날 것이다.

그분은 지혜자와 학식 있는 자를 눈 멀게 할 것이다. (사 6, 8, 29) 그리고 가난하고 온유한 자에게 좋은 소식을 전하며(사 29:19), 맹인들의 눈을 뜨게 하고 병든 자를 고치며, 어둠 속에 고통당하는 자들을 빛으로 인도한다. (사 61:6)

그분은 완전한 길을 가르치고 이방인의 스승이 된다. (사 55:4)

예언은 믿음이 없는 자들에게는 이해될 수 없는 것이다. (단 12:10)

그러나 적절히 가르침을 받은 자들에게는 이해될 것이다.

예언은 그분을 가난한 자와 모든 민족의 통치자로 나타낸다.

(사 52:14, 53:2, 슥 9:9)

그때에는 그분을 이방인과 고통당하는 자들의 통치자로만 예언하며, 구름을 타고 오는 주 또는 심판의 주로 예언하고 있지 않다. 그리고 심판의 주, 구름을 타고 오시는 영광의 주로 나타내는 예언은 그 시기를 드러내지 않는다.

그분은 세상 죄로 말미암아 희생되는 것이다.(사 53:5)

그분은 값진 초석이 된다.(사 38:16)

그분은 넘어지는 돌이 되며, 걸려 넘어지게 하는 돌이다.(사 8:14)

예루살렘은 이 돌에 부딪혀 넘어질 것이다.

건축자는 이 돌을 버릴 것이다.(시 118)

하나님은 이 돌을 모퉁이의 머릿돌로 만드신다.

그리고 이 돌은 자라 큰 산을 이루고 세상에 가득 찰 것이다.(단 2:35) 그러므로 그분은 거절당하고 인정받지 못하고 배척당한다.(시 109) 팔리운다.(슥 11:12) 침뱉음을 당하고 매를 맞고 조롱당하고 온갖 괴로움을 당하고 신즙을 마시고(시 69:21) 찔리운다.(슥 12:10) 그분의 발과 손은 찔림을 당하고 그분은 살해당하고 그분의 옷은 제비뽑기에 붙여진다.(시 22)

그분은 다시 살아나신다.(시 16:10) 사흘만에.(호 6:2)

그분은 하늘에 오르셔서 하나님 우편에 앉으신다.(시 110)

왕들은 그분에게 대적하여 무기를 든다.(시 2:2)

하나님의 우편에 계신 그분은 적들을 물리치시는 분이다. 이 땅의 왕들과 모든 사람들은 그분을 예배하게 될 것이다.(사 60:14)

유대인들은 한 민족으로 계속 존속할 것이다.(렘 31:36)

그들이 바로 왕이 없이 방황하는 자들이 될 것이다.(호 3:4) 예언자도 없다.(암 5:13)

구원을 기다리지만 그것을 발견하지 못한다.(사 59:11)

예수 그리스도를 통한 이방인의 소명.(사 53:12, 55:5, 60:10, 시 71:10,11)

"너희는 내 백성이 아니요 나는 너희의 하나님이 되지 아니할 것이라 그러나 이스라엘 자손의 수가 바닷가의 모래같이 되어서 헤아릴 수가 없고 셀 수도 없을 것이며 전에 그들에게 이르기를 너희는 내 백성이 아니라 한 그곳에서 그들에게 이르기를 너희는 살아계신 하나님의 아들들이라 할 것이라"(호 1:9~10) 727

QT

치유의 역사, 예언

　1,500여 년 이상 서방교회로부터 이단으로 정죄 당하면서도 굳건하게 초대교회의 믿음을 지켜온 이집트 콥트교회에 전해 내려오는 이야기다.

　이집트 콥트교회 중 가장 대표적인 카이로 외곽, 일명 '쓰레기 마을'로 불리는 모까탐 지역의 모까탐 사이몬 동굴 교회. 이 교회는 그 역사의 기원부터 초대 교회의 능력을 고스란히 간직하고 있는, 중동 최대의 교회다. 7세기 경부터 이슬람 지배 하에 핍박을 받던 이집트 교회는 10세기 말에 최고 집권자인 칼리프 알 무즈 때 그 탄압이 절정에 이른다.

　칼리프 알무즈는 이집트 기독교인의 몰살을 궁리하던 중 당시 콥티교회 수장인 아브라함에게 묻는다.

　"너희들이 믿는 성경 말씀에 '너희에게 믿음이 겨자씨 한 알만큼만 있어도 이 산을 명하여 여기서 저리로 옮기라 하면 옮겨질 것이요 또 너희가 못할 것이 없느니라'(마17:20)는 말씀을 정말로 믿느냐?"

아브라함은 주저 없이 대답하였다.

"말씀 그대로 믿습니다."

칼리프는 "그러면 일주일 안에 저 건너편에 있는 바위산을 옮겨 놓아라. 만약 그렇게 하지 못할 경우 모든 기독교인들을 다 죽이겠다"고 했다.

그러자 아브라함은 이 말을 듣고 기도하기 시작했고, 사흘째 기도 중, "지금 문밖을 지나가는 사람에게 이 문제를 상의하고 도움을 요청하라"는 음성을 듣는다. 문밖에는 '사이몬'이라는 사람이 지나고 있었다. 사이몬은 한 쪽 눈을 보지 못하는 평범한 그리스도인이었다.

구두수선공이었던 그는, 어느 날 구두를 수선하러 찾아온 귀부인의 허벅지를 보고 음욕을 품은 자신의 음탕한 마음을 통회하며, 도구인 꼬쟁이로 한 쪽 눈을 찔러서 애꾸눈이 된 사람이었다.

당시 이집트는 몇 년 간의 흉년과 페스트의 창궐로 인해 수많은 사람이 죽어가는 가운데, 특히 고아와 과부, 그리고 노약자들의 삶은 비참하기 이루 말할 수 없을 정도였다. 사이몬은 이들을 돕기 위하여 멀리서부터 물동이를 이고 마침 아브라함이 기도하는 교회를 지나가던 중이었다. 아브라함의 이야기를 들은 사이몬은 기도하기 시작했다, 또한 이집트의 모든 그리스도인들이 금식과 기도를 하기 시작했다.

마침내 약속된 날, 전 그리스도인들은 모카탐 바위산 아래 집결했고, 칼리프를 위시한 이슬람 무장 군대들도 반대편에 진을 치고 대학살의 명령을 기다리고 있었다.

아브라함이 성도들의 맨 앞에 섰고, 바로 뒤에는 사이몬이 겸손하게 무릎을 꿇고 그저 조용히 기도할 뿐이었다. 그 순간 하늘이 무너지는 듯한 큰 굉음과 함께 바위산의 한쪽 부분이 공중으로 날아가기 시작했다. 순식간에 산 한 쪽에 커다란 구멍이 뚫렸고, 날아간 바위는 근처의 산 아래 조각처럼 쌓이기 시작했다. 당시 공중으로 날아간 바위들이 마치 사람이 뚜벅뚜벅 걸어가는 모습과 같다는 데서 이 지역의 이름이 '모카탐'이라고 불리게 되었다.

눈앞에 벌어진 기적을 보고 놀란 많은 이슬람 사람들이 그리스도교로 개종하는 역사가 일어났다. 지금도 이 교회 집회에는 많은 병 고침의 역사가 일어나고 있는데, 교회 한쪽에 쌓여 있는 많은 목발과 휠체어 등이 그 치유의 역사를 증명하고 있다고 한다.

"그 날에 애굽 땅 중앙에는 여호와를 위하여 제단이 있겠고 그 변경에는 여호와를 위하여 기둥이 있을 것이요"라는 말씀이 성취되었다.

"그 날에 애굽에서 앗수르로 통하는 대로가 있어 앗수르 사람은 애굽으로 가겠고 애굽 사람은 앗수르로 갈 것이며 애굽 사람이 앗수르 사람과 함께 경배하리라"(사19:23)

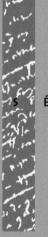

PENSÉES

의심의 여지가
없게 하심

P E N S É E S

233 아우구스티누스는 기적이 없었다면 그리스도인이 되지 않았을 것이라고 말했다. ₈₁₂

234 **기적**

기적은 여러 가지 수단으로 사용되는 자연적 힘을 초월하는 결과다. 기적이 아닌 것은 사용된 수단의 자연적 힘을 초월하지 않는 결과다. 그러므로 악마에게 호소해서 치유를 하는 자들은 기적을 행하는 것이 아니다. 그들은 단지 악마의 자연적 힘을 사용하는 것일 뿐 초월하는 것이 아니기 때문이다. 그러나… ₈₀₄

235 기적과 진리는 필요하다. 인간은 몸과 영혼을 통해 확신해야 하기 때문이다. ₈₀₆

236 예수 그리스도의 기적을 보고 따르는 자들은 그분의 모든 기적으로 인해 그분을 따른다.

　"…너희가 나를 찾는 것은 표적을 본 까닭이 아니요 떡을 먹고 배부

른 까닭이로다"(요 6:26)

기적으로 인해 그분을 따르기로 고백하는 자들의 실상은 그분이 그들을 위로하고 세상의 좋은 것들로 배부르게 하시기 때문이며, 그분의 기적이 그들을 불편하게 하면 기적을 형편없는 것으로 치부한다.

　"…이 사람이 안식일을 지키지 아니하니 하나님께로부터 온 자가 아니라 하며 어떤 사람은 말하되 죄인으로서 어떻게 이러한 표적을 행하겠느냐"(요 9:16)

포르루아얄 수도원은 하나님의 성전이라고 한다. 그분이 특별한 기적을 행하신 곳이기 때문이고, 다른 이는 여기가 하나님의 성전이 아니라고 한다. 그들이 얀세니우스의 5개 조항*을 믿지 않기 때문이다. 그렇다면 어느 편의 이야기가 더 확실한가?

　"그를 어떠한 사람이라 하느냐?"(요9:17)

　"그는 선지자라… 이 사람이 하나님께로부터 오지 아니하였으면 아무 일도 할 수 없으리이다"(요9:33) 834

237　예수 그리스도는 기적을 행하셨다. 그 다음에는 제자들이, 그리고 수많은 초대교회 성도들이 기적을 행했다. 이는 예언이 아직 성취되지 않았고, 그들에 의해 성취되는 기간이었으므로

---

* 얀세니우스와 아우구스티누스가 발췌한 5개 조항의 명제.

기적밖에는 아무것도 증명할 수 없었다. 메시아가 민족들을 회심시키리라는 것은 이미 예언되었다. 민족의 회심이 없으면 어떻게 이 예언이 이루어지겠는가? 예수께서 메시아임을 증거할 최후의 결과를 볼 수 없다면 민족들이 어떻게 메시아에게 돌아설 수 있겠는가? 그러므로 그가 죽고 다시 부활하여 민족들이 회심하기까지는 예언들이 성취되었다고 말할 수 없다. 따라서 기적은 이 시대를 통해서 반드시 필요한 것이다. 이제 유대인에게는 더 이상의 기적이 필요하지 않다. 성취된 예언은 영구히 남는 기적이라고 말할 수 있다. ₈₃₈

238 유대인들은 크고 영광스런 기적에 익숙해 있었기에 홍해와 가나안 땅의 놀라운 기적들을 메시아에 의해 행해질 위대한 일의 축소판 정도로 생각했다. 그들은 모세의 기적같이 하나의 표본에 불과한 그런 영광스러운 무언가를 기대했다. ₇₄₆

239 기적이 없었다면 예수 그리스도를 믿지 않는 것이 죄가 되지 않을 것이다.

"내가 아무도 못한 일을 그들 중에서 하지 아니하였더라면 그들에게 죄가 없었으려니와 지금은 그들이 나와 내 아버지를 보았고 또 미워하였도다"(요 15:24)

"…내가 너희를 대면하여 결코 거짓말하지 아니하리라"(욥 6:28) 811

240 기적은 회심보다 심판에 기여한다. * 825

241 기적을 믿지 않으면서 이성적으로 믿는다는 것은 불가능한 일이다. 815

242 질서

교회를 향한 세상의 일반적 태도. 하나님은 눈이 멀게도 하시고 눈이 뜨이게도 하신다. 이 예언들이 신적인 것임이 증명되었으므로 그 외의 것들은 마땅히 믿어도 좋을 것이다. 세상의 질서 역시 이러한 방식으로 볼 수 있다.

창조와 대홍수의 기적이 잊혀지자 하나님은 율법과 모세의 기적, 특별한 일을 예언하는 예언자들을 보내셨다. 또한 하나의 영속적인 기적을 준비하시고 여러 가지 예언과 성취를 준비하셨다. 그러나 예언이 의심 받을 수 있으므로 하나님은 그런 것들을 의심의 여지가 없게 하셨다. 576

243 세상적 관점으로 살아가기 위한 가장 쉬운 방법이 하나님

---

* 토마스 아퀴나스 『신학대전』 제 1부, 제 113문제, 제 10항, 제2항의 답.

의 관점으로 살아가기 위해서는 가장 어려운 방법이다. 그 반대의 경우도 마찬가지다. 세상적 관점에서 볼 때 신앙생활처럼 어려운 것은 없다. 반면에 하나님의 관점에서 보면 그처럼 쉬운 것도 없다. 세상적 방법에서 보면 높은 지위와 막대한 부를 누리며 사는 것보다 안락한 것은 없지만, 하나님의 방법에서 보면 그러한 것들에 흥미나 즐거움을 취하며 살아가는 것보다 힘든 것도 없다. 906

244 이곳은 진리의 본향이 아니다. 진리는 사람들에게 알려지기 위해 그들의 사이를 배회한다. 하나님은 진리에 귀를 기울이지 않는 자들이 진리를 알지 못하도록 베일로 덮으셨다. 적어도 극히 분명한 진리에 대해서조차 모독이 행해지고 있었다. 복음의 진리가 선포되면 그 반대의 진리 역시 선포되고, 문제가 상당히 혼미해져서 사람들로 하여금 분별력을 잃게 한다.

사람들은 묻는다.

"사람들이 다른 이가 아닌 오직 당신만을 믿도록 하기 위하여 무엇을 하였는가? 이를 위해 어떤 기적이 행하여졌는가?"

오직 말씀만 가지고 있다면 우리 역시 그것이 있으므로, 오히려 기적이 행해졌다면 좋았을 것이다. 교리가 기적에 의해 지지되어야 한다는 것은 사실이지만, 이것은 교리를 모욕하기 위해 남

거짓 그리스도인에게서 기적이 일어나지 않았다.
반면 신실한 그리스도인에게 기적이 없었던 적이 없었다.

용될 수 있다. 그리고 기적이 일어나면, 기적은 교리가 없이는 충분하지 않다는 말을 듣게 된다. 이는 기적을 모독하기 위해 악용되는 별개 의미에서의 진리다.

예수 그리스도는 맹인으로 태어난 사람을 고쳐주셨고, 수많은 기적을 행하셨다. 이 일로 인해 바리새인들은 분별력을 잃게 되었다.(요 5:1~16, 7:27, 9:1~7)그들은 기적이 교리에 의해 평가되어야만 한다고 말했던 것이다.

> "하나님이 모세에게는 말씀하신 줄을 우리가 알거니와 이 사람은 어디서 왔는지 알지 못하노라"(요 9:29)

그들은 놀랍게도 예수 그리스도가 어디서 왔는지 몰랐다. 하지만 그분은 기적을 베풀었다. 예수 그리스도는 하나님께 어긋나거나 모세를 대적하는 말씀을 하신 적이 없었다. 거짓 그리스도인, 그리고 거짓 선지자들은 성경에서 예언되어 있으며, 그들은 공연히 하나님과 예수 그리스도에 대하여 대적해서 말했다.

"대적하지 않는 자는….."

숨어 있는 적이 공개적으로 기적을 행하는 것을 하나님은 허용치 않으실 것이다. 공공연한 논쟁 가운데, 하나님, 예수 그리스도, 교회의 편이라고 주장하는 양쪽 당사자들 중, 거짓 그리스도인에게서 기적이 일어나지 않았다. 반면 신실한 그리스도인에게 기적이 없었던 적이 없었다.

"…귀신 들려 미쳤거늘"(요 10:20)

다른 이는 말하기를

"…귀신이 맹인의 눈을 뜨게 할 수 있느냐 하더라"(요 10:21).

예수 그리스도와 사도들이 성경에서 인용한 증거들은 증명되지 않았다. 그들은 단지 모세가 예언자가 올 것이라고 한 말을 전했을 뿐이며, 자신이 예언자라고 하는 것이 아니었다. 그러나 문제는 거기에 있었다.

이 구절은 그들이 성경에 대해 아무것도 어긋난 것이 없음을 보여주는 것이며, 성경에 어긋나는 것이 없다는 사실이 모순이 없다는 것을 드러낼 뿐이지 증명하는 것은 아니다. 그러나 기적이 있다면 모순을 제거하는 것만으로 충분한 설명이 된다.

하나님과 인간은 서로 함께 행할 의무가 있었다.

"…무엇을 더할 것이 있으랴…"(사5:4)

"…오라 우리가 서로 변론하자…"(사 1:18)

여호와께서 하신 말씀이다. 하나님은 그분의 약속을 실현해서야만 하고, 인간은 하나님이 주신 말씀을 받아들여야만 했다. 하나님은 인간을 잘못된 길로 인도하지 않으실 의무가 있었다. 그런데 기적을 행하는 자들이 상식적으로 명백하게 오류가 없는 교리를 선포하고, 더 큰 기적을 행하는 자들이 와서 그들을 믿지 않도록 미리 경고하지 않았다면, 사람들은 잘못된 길로 인도되었을 것이다.

만일 교회가 나뉘고 아리우스파* 가 가톨릭교와 마찬가지로 성경에 근거를 두었음을 선포하고 기적을 행하는데, 가톨릭교는 기적을 행하지 않는다면 사람들은 오류에 빠졌을 것이다. 결국 누군가 하나님의 비밀을 선포하는 자가 그의 개인적 권능을 믿도록 하게 된다면, 불신자들은 그 이유로 더욱 믿지 않게 될 것이다.

그런데 만일 누군가가 죽은 자를 일으켜 세우고 미래를 예언하며, 바다를 가르고, 병자를 고치는 일들을 통해 그가 하나님과 교통하고 있다는 것을 보여준다면, 모든 불신자들은 그에게 복종하지 않을 수 없을 것이다.

파라오와 바리새인들의 불신앙은 초자연적인 강퍅한 마음에서 비롯되었다. 기적과 의심의 여지가 없는 교리가 함께 있을 때에는 어떠한 갈등도 없으나 기적과 의심스러운 교리가 함께 있을 때에는 더 분명한 것을 보아야 한다. 예수 그리스도도 의심을 받곤 하셨다.

거짓 선지자인 마술사 바예수는 눈이 멀었다. (행 13:6~11) 하나님의 권능이 적을 압도했다.

---

* 알렉산드리아 출신의 성직자 아리우스가 주장한 신학. 반(反)삼위일체를 주장함. 제1차 니케아 공의회(325년)에서 이단으로 배격됨. 현대의 여호와의 증인과 비슷한 신학적 관점을 가짐.

"…내가 예수도 알고 바울도 알거니와 너희는 누구냐 하며"(행 19:15)

유대인 마술사들은 악령에게 공격을 당했다. 기적은 교리를 위해 존재하며 교리가 기적을 위해 존재하는 것이 아니었다. 기적이 참이라면 어느 교리라도 확신할 수 있을까? 아니었다. 그런 일은 일어나지 않았을 것이다.

"그러나 우리나 혹은 하늘로부터 온 천사라도 우리가 너희에게 전한 복음 외에 다른 복음을 전하면 저주를 받을지어다"(갈 1:8)

원칙과 교리는 반드시 기적에 의해 평가를 받고, 기적은 교리에 의해 평가를 받는다. 이는 진리이며 모순은 없다. 일반적인 법칙을 알고 나니 얼마나 기쁜가. 이것이 당신이 문제를 자극하도록 하여 모든 것을 해결할 수 있으리라 생각한다.

―그것을 하기가 어려울 것입니다, 신부님.*

진리는 하나이고 견고하다. 어떤 인간이 악한 교리를 감추고, 오직 건전한 교리만 드러내며, 거짓으로 하나님과 교회 앞에 확신을 하고, 잘못되고 교묘한 교리를 사람들에게 은밀하게 스며들도록 기적을 행한다면, 이것은 하나님의 책임으로 볼 때 도저히 불가능한 일이다. 그런 일은 있을 수 없다. 인간의 마음을 너무 잘 아시는 하나님께서 그런 자들을 위해 기적을 행하시는 일은 있을 수 없다. 843

---

* 프랑수아 안나 신부를 가리킴.

QT
기적의 정의

성경을 처음 접한 사람이 과연 그 기록에 아무런 의심도 없이 한 장한 장을 넘길 수 있을까? 우주의 창조와 인간의 타락, 노아의 홍수, 바벨탑의 사건, 소돔과 고모라의 멸망, 출애굽의 10가지 기적들, 선지자들의 예언과 실현, 메시아의 탄생 예언과 동정녀 마리아의 잉태, 예수의 기적들, 부활, 성령의 역사 등을 그대로 고개를 끄덕이며 읽어나갈수 있을까?

파스칼은 기적에 대해 새로운 정의를 제시한다. 피조물에게 부여된 능력에 의해 그 안에서 이루어지는 일들은 기적이 아니다. 사탄도 피조물이며, 그의 능력도 하나님이 부여하신 능력이므로 그가 행하는 이적은 따라서 기적이 아니다. 즉, 사람이 죽은 사람을 살린다면 그것은 기적이 되겠지만 사탄이 죽은 자를 살린다면 그것은 기적이 아니다. 평범한 사람이 죽은 사람을 살리는 역사는 하나님의 권능이 개입

된 사건이므로 기적이 되지만 원래적으로 부여된 능력으로 죽은 자를 살리는 사탄의 능력은 기적적인 사건이 아니다.

결국 기적은 하나님의 존재를 증거하는 일이 되며, 하나님이 필요하다고 인정할 경우에만 일어날 수 있는 역사가 된다.

"바리새인들이 듣고 이르되 이가 귀신의 왕 바알세불을 힘입지 않고는 귀신을 쫓아내지 못하느니라 하거늘 예수께서 그들의 생각을 아시고 이르시되 스스로 분쟁하는 나라마다 황폐하여질 것이요 스스로 분쟁하는 동네나 집마다 서지 못하리라 만일 사탄이 사탄을 쫓아내면 스스로 분쟁하는 것이니 그리하고서야 어떻게 그의 나라가 서겠느냐 또 내가 바알세불을 힘입어 귀신을 쫓아내면 너희의 아들들은 누구를 힘입어 쫓아내느냐 그러므로 그들이 너희의 재판관이 되리라 그러나 내가 하나님의 성령을 힘입어 귀신을 쫓아내는 것이며 하나님의 나라가 이미 너희에게 임하였느니라"(마 12:24~28)

Part **11**

성경

PENSÉES

진정한 평안, 진리

PENSÉES

245 성경을 해석하려고 하면서 성경으로부터 그 자체의 의미를 취하지 않는 자는 성경의 적이다. *900

246 **두 가지 오류**

1. 모든 것을 문자적으로 해석하는 것.
2. 모든 것을 영적으로 해석하는 것. 648

247 **상징**

예수 그리스도는 성경을 이해하도록 인간의 마음을 여셨다. 이러한 일 가운데 두 가지 위대한 계시가 있다.

1. 모든 것이 상징으로 일어났다. 참다운 이스라엘(요 1:47), 참다운 자유(요 8:36), 하늘로부터의 참 떡(요 6:32).
2. 십자가에 달려 죽기까지 그들을 불쌍히 여기신 하나님. 예수 그리스도는 영광 가운데로 들어가기 위해 십자가의 고통을 지셨다.

＊아우구스티누스『기독교 교리』111~127 중에서

'죽음으로 그분은 죽음을 물리치셨다.' 두 번째 오심. ₆₇₉

248 구약과 신약의 동시적 증거

한 번에 두 가지를 입증하기 위해서는 한쪽의 예언이 다른 쪽에서 실현되었는가를 보면 알 수 있다. 예언을 검토하려면 먼저 예언을 이해해야 한다. 예언이 오직 한 가지 의미만 가지고 있다고 믿는다면 메시아가 오지 않는 것은 확실하지만, 예언이 두 가지 의미를 갖는다면 예수 그리스도는 이미 오신 것이 확실하다. 그러므로 모든 의문은 두 가지 의미를 갖는지의 여부에 달렸다. 성경이 두 가지 의미를 가지고 있다는 증거로는 예수 그리스도와 사도들이 아래와 같이 밝힌 바 있다.

1. 성서, 그 자체에 의한 증거.

2. 율법학자들에 의한 증거. 모세와 마이모니데스*는 성경은 두 가지 의미가 있으며, 예언자들은 오직 예수 그리스도를 예언하였다고 말한다.

3. 카발라**에 의한 증거.

4. 율법학자들이 성경에 부여한 신비로운 해석에 의한 증거.

5. 율법학자들의 근본원리에 의한 증거.

---

* 스페인 출신의 유대 교도로서 사상가이자 의사.

** Kabbala ㅣ 히브리어로 '전설'을 의미함.

즉, 두 가지 의미가 있는데 그들의 태도에 따라 메시아는 영광 가운데 또는 비천한 가운데 오신다. 예언자들은 메시아에 대해서만 예언했다. 율법은 확실하지 않고 메시아의 강림으로 인해 변할 것이다. 이때에는 아무도 더 이상 홍해를 기억하지 않을 것이며, 유대인과 이방인이 뒤섞일 것이다.

6. 예수 그리스도와 사도들이 우리에게 주는 열쇠에 의한 증거.

642

249 모순

훌륭한 인간상은 모순적인 모습들이 어우러져 조화를 이루어야만 가능하다. 서로 대립하는 관계 가운데 일치되지 않은 채 상호 경쟁하는 상황에서는 이루어질 수 없다. 기자의 의도는 모순적인 구절들의 일치를 통해서 비로소 이해될 수 있다. 마찬가지로 성경을 이해하는 것은 모순적 구절들이 조화를 이루는 한 점을 포착하는 것이다. 이는 몇 개의 상반된 구절들을 맞추는 것으로는 부족하며, 모순된 것들 간에 조화를 이루는 하나의 의미를 포착해야 한다. 어떠한 기자라도 모순된 구절들이 조화를 이루는 의미를 가지고 있으며, 그렇지 않다면 전혀 뜻이 없는 것이다. 성경과 예언자들도 마찬가지다.

그 안에는 분명 훌륭한 의미가 존재하며, 모순되는 것을 조화롭게 일치시키는 그 하나의 의미를 찾아내야 한다. 물론 참된 의미는 유대인의 해석이 아니라, 모순된 것들을 일치하게 하는 예수 그리스도 안에 있는 것이다. 유대인들은 야곱의 예언(창 43:10)을 왕과 왕자의 종말에 관한 호세아의 예언(호 3:4)과 일치시킬 수 없었다. 만일 우리가 율법, 제사와 왕국을 실체로 해석한다면 이 구절들은 이해될 수 없기 때문에 그들은 상징적이 될 수밖에 없다. 또한 동일한 저자, 동일한 책, 동일한 장에서도 구절들이 조화를 이루지 못하는 경우가 있다. 그러나 이로 인해 실상은 저자의 의도가 분명해지는 것이다. 에스겔 20장에서 인간은 하나님의 계명에 의해 살아야 한다고 말하면서 또한 그 계명에 의해 살아서는 안 된다고 말하는 것 같은 경우다. 684

250 하나님의 말씀은, 진리로서 문자적으로 오류가 있더라도 영적으로는 진리다.

"…너는 내 오른쪽에 앉아 있으라…"(시 110:1)"는 문자적으로 오류지만 영적으로는 진리다. 이 표현에서 하나님은 인간의 언어로 말씀하고 계신다. 이것은 단순하게 누군가 자신의 오른편에 앉힐 때 갖는 의도를 하나님도 갖는다는 뜻을 나타낼 때 쓰는 표현이다. 그러나 이는 하나님의 의도를 나타낼 뿐 그것을 실천할 실제 방법을 의미하는 것은 아니다. 그러므로 "여호와께서 그 향기를 받으시고…"(창 8:21) 풍요로운 땅을 상으로 주실 것이라고 기록된 말씀은, 우리의 향기를 받으시는 분이 우리에게 풍요로운 땅을 주실 것을 의미하는 것처럼 하나님께도 동일한 의도가 있다. 향을 올리는 자에게 보답하고자 하는 마음을 하나님도 동일하게 가지신다. 그러므로 "여호와께서 자기 백성에게 노하시고", "질투하시는 하나님" 등의 표현은 하나님이 하시는 일을 달리 표현할 방법이 없기 때문에 사용하는 것이다.

교회는 오늘날까지 그러한 표현들을 사용해 오고 있다. "그가 빗장을 견고히 하시고" 성경 그 자체에서 계시되지 않은 의미를 성경에 부여하는 것은 허용되지 않는다.

〈이사야〉에서 봉(封)하신 '멤'*이 6백을 의미한다는 것은 아직 계시되지 않고 있다. 끝말의 '짜데'**와 생략된 '헤'***가 신비를 의미한다고도 하지만 그렇게 단언하는 것도 허용되지 않는다. 한편으로 그것이 화금석****과 같은 것이라고 말하는 것도 허용되지 않는다. 그러나 우리는 예언자들 스스로 말한 것처럼 문자 상의 의미가 옳다는 것을 의미하는 것은 아니라고 말할 수 있다. 687

---

* mêm | 히브리어 알파벳 제13자

** sāde | 히브리어 알파벳 제18자

*** hê | 히브리어 알파벳 제5자

**** Philosopher's stone(현자의 돌) | 중세 연금술사들이 황금으로 변해 영생을 얻을 수 있다고 믿은 상상의 물질.

251 상징

형식은 죽이는 것이다.(고후 3:6) 모든 것은 상징으로 나타났다. 예수 그리스도는 고난을 받아야 했다.

(굴욕당하신 하나님)

이것이 사도 바울이 우리에게 준 암호다.

마음의 할례. 참된 금식. 참된 제사. 참된 예배. 예언자들은 이모든 것들이 영적인 것이어야 함을 보여주었다. 썩어 없어질 육체가 아니며, 영원히 썩지 않는 것이다.

　"…너희가 참으로 자유로우리라"(요 8:36)

이에 따라서 자유는 상징적이다.

　"나는 하늘에서 내려온 살아 있는 떡이니…"(요6:51) 683

252 상징

구약성경은 상징에 불과하며, 예언자들이 말하는 세상의 행복이 다른 세상의 행복을 의미하는 이유는 다음과 같다.

첫째, 그러한 행복은 하나님과 무관하다.

둘째, 예언자들은 세상의 행복에 대한 언약을 표명하고 있지만 이를 설명하는 방법이 모호하므로 그 의미를 깨닫지 못할 것이라 말한다. 이 감춰진 의미는 명확하게 표현한 것이 아니라 결국은 다른 제사, 다른 구세주에 대해 말하려던 것이다. 그들은 그

것이 마지막 때가 오기 전에는 깨닫지 못할 것이라고 말한다.(예레미야 33장 끝부분)

셋째, 그들이 말하는 것이 모순되어 서로 상쇄한다는 것이 바로 증거다. '율법'과 '제사'의 의미를 단순히 모세의 것으로 이해한다면 확연하고 엄청난 모순이 있게 된다. 그러므로 가끔 같은 장에서 모순이 나타나기도 하는 것은 그들이 무언가 다른 것을 의미하려던 것이다. 659

253 질서. 성경에는 질서가 없다는 반론에 대하여

마음에는 질서가 있다. 생각에도 질서가 있는데 여기에 원칙과 증명을 사용한다. 마음의 질서는 이와 다르다. 사랑의 원인을 순서대로 늘어놓더라도 자신이 사랑받아야 한다는 것을 증명할 도리가 없다. 이는 부질없는 짓이다.

예수 그리스도와 사도 바울은 생각의 질서가 아니라 사랑의 질서다. 그들은 가르치기보다 겸손하길 원했다. 아우구스티누스도 마찬가지다. 이러한 질서는 주로 목표에 관련된 각각의 목적에 있어서는 지엽적이지만 언제나 목표하는 것을 그 내용으로 하고 있다. 283

254 복음서 간의 명백한 불일치. 755

255 특별한 상징들. 두 개의 율법. 두 개의 율법 조항. 두 개의 성전. 두 포로. 652

256 구약과 신약은 모두 예수 그리스도에 관한 것이다. 구약은 소망으로 그분에 대하여, 신약은 모범으로써 그분에 대하여, 모두 그분을 중심으로 기록되었다. 740

257 유대인들을 위해 성경에 드리워진 베일(고후 3:15)은 역시 악한 그리스도인에게나 자기 자신을 미워하는 자에게 있어서나 마찬가지다. 그러나 사람이 진실로 자신을 미워할 때 성경을 이해하고 그리스도를 알게 될 것이다. 676

258 모세.(신 30) 하나님은 그들이 하나님을 사랑할 수 있도록 그들 마음에 할례를 행하셨다. 689

259 유대인의 순진함

모세는 그들이 하나님께 패역하였던 사실을 선포한 성경을 애정을 가지고 충실하게 전하고 있다. 모세는 자신이 죽은 후에도 그들이 계속 그러할 것을 알았고, 증인으로 하늘과 땅에 호소하여 그들에게 충분히 했음을 전했다. 모세는 하나님께서 결국 그들에 대해 노하시고 그들을 세상 민족 가운데 흩어지게 할 것을 선포했다.

그들은 자신들의 신이 아닌 우상을 섬겨 하나님의 분노를 일으켰고, 하나님은 그들이 행한 일로 인해 다른 민족을 세우심으로 그들의 분노를 일으켰다. 그리고 하나님은 모든 말씀이 영원히 보존되길 원하셨고, 성경이 그들에 대한 증거로써 영원히 쓰이도록 언약궤에 놓이길 바라셨다.

이사야. 이사야는 동일한 것을 말하고 있다. (사 30:8) 631

260 부정의

그들은 타인을 해치지 않고 자신의 욕망을 만족시키는 길을 발견하지 못했다. 욥과 솔로몬. 454

261
하나님 없는 인간은 완전히 무지하며 헤어날 수 없는 불행 가운데에 있었다. (전 8:17) 인간이 불행 가운데에서 빠져나오려 하는 의지는 있으나 뜻대로 행할 수 없다는 것은 불행한 일이다. 그런데 인간은 행복해지기를 원하고, 어떠한 진리를 확신하기를 원한다. 그러나 인간은 하나님을 알 수도 없고 알고자 하는 소망도 없다. 도대체 의심조차 할 수 없기 때문이다. 389

262 예수 그리스도는 요셉을 통해 상징화되었다. 죄가 없으며 그분의 아버지가 사랑한 아들, 그의 아버지는 그를 형들에게 보냈으나 그들은 그를 은 이십에 팔아 넘겼다. 이로써 그분은 그들의 주가 되고, 구세주가 되며 이방인의 구세주가 되었고, 세상의 구세주가 되었다. 이 모든 것들은 그를 파멸하고, 팔아버리고, 배척하려던 형들의 음모가 없었다면 일어나지 않았을 것이다. 감옥에서 죄 없는 요셉은 두 죄인 사이에 서게 되었다. 죄 없는 예수 그리스도는 두 죄인 가운데 십자가에 매달렸다.

요셉은 비슷한 처지의 두 사람 중 한 사람에게는 구원을, 다른 한 사람에게는 죽음을 예언했다. 예수께서는 동일한 죄 가운데 선택받은 자를 구원하고 버림받은 자를 저주하셨다. 요셉은 오직 예언만을 했으나 예수님은 실천하셨다. 요셉은 구원받은 자에게 그가 영광의 자리에 앉을 때 자신을 기억해 주길 부탁했다. 예수 그리스도에게 구원받은 자는 예수께서 그분의 왕국에 들어가실 때에 자신을 기억해 주길 부탁했다. [768]

263 병든 영혼의 상태를 나타내기 위해 복음서에 나타난 상징은 병든 몸이다. 그러나 몸 하나로는 그것을 충분히 나타낼 수 없으므로 더 많은 몸이 있어야 했다. 그러므로 우리는 귀머거리, 벙어리, 맹인, 중풍병자, 죽은 나사로, 귀신들린 자 등을 발견한

하나님 없는 인간은 완전히 무지하며 헤어날 수 없는 불행 가운데에 있었다.

다. 이들이 우리의 병든 영혼 가운데 속해 있다. 658

264 정찬과 만찬의 차이(눅 14:12)

하나님의 말씀과 의도는 다른 것이 아니다. 신실하시기 때문이다. 말씀과 행동도 다르지 않은데, 이는 하나님께서 전능하시기 때문이다. 방법과 행동도 그러하며, 이는 하나님께서 지혜가 있으시기 때문이다.

다음은 하나님의 일반적인 법칙이다.

– 하나님은 전능하시다. 죽임을 당하거나, 기만을 당하거나, 거짓과 같은 것들을 행한다면 그가 전능하지 않게 되는 것이므로 이를 제외하고는 모두 행할 수 있다. *

– 진리를 확증하기 위한 몇 사람의 복음서 기자. 그들의 유익한 불일치.

– 최후의 만찬 후의 성찬식. 상징 후의 진리. 예루살렘의 멸망, 세상의 멸망에 대한 상징. 예수 그리스도 사후 40년. 예수 그리스도는 인간으로서 또 사자(使者)로서 침묵한다. (마 24:36)

– 예수님은 유대인과 이방인에 의해 비난받는다. 유대인과 이방인은 두 아들로 상징된다. * * 654

---

* 아우구스티누스, 『신국론』 5권 10장 중에서
** 아우구스티누스, 『신국론』 20권 29장 중에서

265 아담, 앞으로 오실 분에 대한 상징

아담을 창조하기 위한 여섯 날, 그분을 위한 여섯 시대. 모세가 아담의 창조를 위해 기록한 여섯 날은 예수 그리스도의 교회를 이루기 위한 여섯 시대의 표상에 불과하다. 아담이 죄를 짓지 않았다면 예수 그리스도는 오지 않고 하나의 언약과 한 세대의 인간만이 있었을 것이다. 그리고 창조는 한 순간의 성취로 기록되었을 것이다. [656]

266

반론: 분명히 성경에는 성령의 인도로 쓰이지 않은 것들도 가득하다.

답변: 그렇다고 해서 신앙에 해가 되지 않는다.

반론: 그러나 교회는 모든 것이 성령으로 쓰였다고 결정했다.

답변: 두 개의 답이 있다. 하나는 교회가 그런 결정을 한 적이 없다는 것, 다른 하나는 교회가 그런 결정을 하더라도 당연히 그것을 지지해야 한다는 것이다. [568]

267 많은 거짓의 영이 있다. [568]

268 저녁기도를 듣는 것처럼 설교를 듣는 사람이 많다. [8]

269 세상에서 가장 오래된 두 권의 기록은 모세와 욥의 것이다. 하나는 유대인이고 다른 하나는 이방인이다. 두 사람 다 주제와 목적을 예수 그리스도에 둔다. 모세는 아브라함, 야곱 등에 대한 하나님의 약속과 그 예언을 이야기한다. 욥은 "나의 말이 곧 기록되었으면, 책에 씌어졌으면, 철필과 납으로 영원히 돌에 새겨졌으면 좋겠노라 내가 알기에는 나의 대속자가 살아 계시니 마침내 그가 땅 위에 서실 것이라"(욥 19:23~25)고 말한다. 741

270 성경 속의 맹목적

유대인들은 말하기를, 성경은 그리스도가 어디서 오실지 알 수 없다(요 7:27)고 했다. 성경은 "…그리스도가 영원히 계신다…"(요 12:34)고 말하는데, 그리스도는 자신이 죽을 것이라고 하였다. 사도 요한은 "이렇게 많은 표적을 그들 앞에서 행하셨으나 그를 믿지 아니하니 이는 선지자 이사야의 말씀을 이루려 하심이라… 그들의 눈을 멀게 하시고…"(요 12:37~40) 573

271 성경은 어떤 상황에서 위로를 주는 구절, 어떤 상황에서 두려움을 주는 구절을 마련했다. 자연도 두 가지의 자연적 또는 정신적 무한에 의해 같은 일을 행한 것처럼 보인다. 우리가 높거나 낮거나, 또는 잘하거나 서툴거나 위대하거나 비참하게 되는

것은 우리로 하여금 교만을 겸손케 하고 겸손을 높이기 위한 것이다. ₅₃₂

272　제자와 참된 제자는 큰 차이가 있다. 우리는 "진리가 그들을 자유케 하리라"고 말하는 것에 의해서 제자를 분별할 수 있다. 그들이 자유롭다고 하면서도 사단의 속박에서 벗어나는 것이 그들의 힘에 의한 것이라고 대답한다면 그들은 제자이지만 참된 제자는 아니다.

"이 말씀을 하시매 많은 사람이 믿더라. 그러므로 예수께서 자기를 믿은 유대인들에게 이르시되 너희가 내 말에 거하면 참으로 내 제자가 되고 진리를 알지니 진리가 너희를 자유롭게 하리라 그들이 대답하되 우리가 아브라함의 자손이라 남의 종이 된 적이 없거늘 어찌하여 우리가 자유롭게 되리라 하느냐"(요 8:30~33) ₅₁₉

273 참된 유대인과 참된 그리스도인이 같은 종교를 가지고 있음을 보여주는 것

유대인의 종교는 근본적으로 그들의 조상 아브라함, 할례, 제사와 의식, 언약궤, 성전, 예루살렘과 궁극적으로 율법과 모세의 언약으로 이루어져 있는 것처럼 보인다. 이 종교는 그들 중 어느 것도 아닌 오직 하나님의 사랑에만 존재하며, 하나님은 그 외의 모든 것을 거부하셨다. 유대인들이 하나님을 거역한다면 하나님은 그들을 아브라함의 자손으로 받아들이지 않으실 것이고, 그들은 이방인처럼 벌을 받게 될 것이다.

"네가 만일 네 하나님 여호와를 잊어버리고 다른 신들을 따라 그들을 섬기며 그들에게 절하면 내가 너희에게 증거하노니 너희가 반드시 멸망할 것이라"(신 8:19)

이방인들이 하나님을 믿는다면 그들은 유대인처럼 하나님께 사랑을 받을 것이다.

"여호와께 연합한 이방인은 말하기를 여호와께서 나를 그의 백성중에서 반드시 갈라내시리라 하지 말며 고자도 말하기를 나는 마른 나무라 하지 말라…내가 곧 그들을 나의 성산으로 인도하여 기도하는 내 집에서 그들을 기쁘게 할 것이며 그들의 번제와 희생을 나의 제단에서 기꺼이 받게 되리니 이는 내 집은 만민이 기도하는 집이라 일컬음이 될 것임이라"(사 56:3~7)

참된 유대인은 그들의 복이 아브라함이 아니라 하나님으로부터 왔다고 믿는다.

"주는 우리 아버지시라 아브라함은 우리를 모르고 이스라엘은 우리를 인정하지 아니할지라도 여호와여, 주는 우리의 아버지시라 옛날부터 주의 이름을 우리의 구속자라 하셨거늘"(사 63:16)

모세는 하나님이 사람을 외모로 판단하지 않으신다고 했다.

"너희의 하나님 여호와는 신 가운데 신이시며 주 가운데 주시요 크

고 능하시며 두려우신 하나님이시라 사람을 외모로 보지 아니하시

며 뇌물을 받지 아니하시고"(신 10:17)

안식일은 단지 상징일 뿐이다.(출 31: 13)

또한 출애굽을 기억하기 위한 상징일 뿐이다.(신 5:15)

그러므로 더 이상 애굽을 기억할 필요가 없다.

할례는 상징에 불과하다.(창 17:11)

그들이 광야에 있을 때 그들은 다른 민족과 섞일 염려가 없었으

므로 할례를 하지 않았다. 또한 그리스도가 오신 후에도 더 이상

그것은 필요치 않았다.

그는 바로 마음의 할례를 명하셨다.

"그러므로 너희는 마음에 할례를 행하고 다시는 목을 곧게 하지 말

라 너희의 하나님 여호와는 신 가운데 신이시며 주 가운데 주시요

크고 능하시며 두려우신 하나님이시라 사람을 외모로 보지 아니하

시며 뇌물을 받지 아니하시고"(신 10:16~17, 렘 4:4)

하나님은 어느 날 그것을 행하리라고 말씀하셨다.

"네 하나님 여호와께서 네 마음과 네 자손의 마음에 할례를 베푸사

너로 마음을 다하며 뜻을 다하여 네 하나님 여호와를 사랑하게 하

사 너로 생명을 얻게 하실 것이며"(신 30:6)

마음에 할례를 받지 않은 자는 심판을 받게 될 것이다.

"할례 받은 자와 할례 받지 못한 자를 내가 다 벌하리니… 무릇 모든 민족은 할례를 받지 못하였고…"(렘 9:25~26)

외면적인 것은 내면적인 것 없이는 아무런 소용이 없다.

"너희는 옷을 찢지 말고 마음을 찢고 너희 하나님 여호와께로 돌아올지어다 그는 은혜로우시며 자비로우시며 노하기를 더디하시며 인애가 크시사 뜻을 돌이켜 재앙을 내리지 아니하시나니"(욜 2:13)

이사야 58장 3~4절 등. 하나님을 사랑하라는 명령은 신명기 전체를 통해 권해지고 있다.

"내가 오늘 하늘과 땅을 불러 너희에게 증거를 삼노라 내가 생명과 사망과 복과 저주를 네 앞에 두었은즉 너와 네 자손이 살기 위하여 생명을 택하고 네 하나님 여호와를 사랑하고 그의 말씀을 청종하며 또 그를 의지하라 그는 네 생명이시오…"(신 30:19~20)

그러나 사랑이 없는 유대인들은 하나님의 명령을 지키지 않아 버림받고 이방인들이 택함을 받았다.(호 1:10)

"그가 말씀하시기를 내가 내 얼굴을 그들에게서 숨겨 그들의 종말이 어떠함을 보리니 그들은 심히 패역한 세대요 진실이 없는 자녀임이로다 그들이 하나님이 아닌 것으로 내 질투를 일으키며 허무한 것으로 내 진노를 일으켰으니 나도 백성이 아닌 자로 그들에게 시기가 나게 하며 어리석은 민족으로 그들의 분노를 일으키리로다."(신 32:20~21, 사 65:1)

세상의 행복은 헛된 것이며, 참된 행복은 하나님과 연합하여 있는 것이다.(시 144:15) 유대인의 제사를 하나님께서 기뻐하지 아니하시며, 그들의 절기를 미워하신다.(암 5:21) 하나님은 유대인의 헌물도 기뻐하지 않으신다.(사 66:1~3)

다윗, "…주의 많은 긍휼을 따라 내 죄악을 지워 주소서"(시 51:1), 선한 사람들도, 이사야 5장 7절, 시편 50편 8~14절.

하나님은 그들이 완고하여 그렇게 정하셨다.

미가서 6장 6~8절은 매우 훌륭하다.

열왕기상 15장 22절, 호세아 6장 6절.

이방인의 제사를 하나님께서 받으실 것이나, 유대인의 제사는 더 이상 기뻐하지 않으실 것이다.(말 1:2)

하나님은 메시아를 통해 새로운 언약을 맺을 것이며 옛 언약은 거부될 것이다.(렘 31:31)

Mandata non bona(선하지 못한 율례)(겔20:25)

이전 것들은 잊혀지리라(사 43:18~19, 65:17~8)

언약궤는 잊혀지리라(렘 7:12~14)

지금까지의 제사는 거부되고 새로운 순전한 제사가 드려질 것이다.(말 1:11)

아론의 제사장직이 폐하여지고 멜기세덱의 제사장직이 메시아에 의해 세워지리라.

Dixit dominus(주는 이르시기를)

이 제사장 직은 영원하리라.(시 110:4)

예루살렘은 버려지고 로마가 인정되리라.(시 65:15)

나중의 이름은 유대인의 이름보다 더 훌륭하고 영원할 것이다.(시 56:5)

유대인들은 예언자가 없을 것이다.(암 7:9)

그들에게는 왕도 왕자도 제사도, 우상도 없을 것이다.

유대인들은 그럼에도 불구하고 하나의 민족으로 언제나 남으리라.(렘 31:36) 610

QT

무엇이 진리인가?

"진리를 알지니 진리가 너희를 자유롭게 하리라"(요 8:32)

성경의 진리성을 의심하거나 부정하는 그리스도인들, 신학자들이 많이 있다. 그들은 성경의 기록을 유대 역사학자들의 역사 기록으로 보거나 고대 바벨론지역의 타문명(수메르 문명과 같은) 속에 내려오는 전승들을 편집한 설화적 기록으로 평가한다.

그러면서 그들은 자신들이 그리스도인임을 스스로 의심하지 않고 참된 신앙인으로 자부한다. 그들은 창조와 심판의 역사를 유대민족의 건국설화로 평가 절하한다. 홍해의 기적은 있을 수 없으며 Red가 아니라 Reed(갈대)라고 말한다.

어디까지 믿고 어디까지를 부인하는가? 그들은 상식적으로 믿고 상식적인 기준으로 부정한다. 사랑과 자비와 공의와 평강의 도에 대해서 인본적 사고로 하나님의 본질이라 말하지만, 예수의 부활은 하나의 상징적인 개념이고, 그를 따르던 제자들이 안타까움 속에서 만들어낸 상상력의 산물로 본다. 그러나 그 마음에 진정한 자유가 있는가? 성경의 기록을 부정하면서도 마음에 평안이 찾아올 것인가? 부활을 부정하면서 천국을 믿을 수 있는가?

파스칼은 묻는다. 무슨 이유로 인간이 부활할 수 없다고 말하는가? 전에 존재하지 않던 것이 있게 되는 것과 이미 존재하던 것이 다시 있게 되는 것, 과연 어느 것이 어려운가?

의심은 우리를 한없는 회의 속으로 몰아넣는다. 무엇이 진리인가? 우리의 마음이 그것으로 진정한 평안을 찾을 수 있다면 그것이 진리 아닌가?

"하나님이 모든 것을 지으시되 때를 따라 아름답게 하셨고 또 사람들에게는 영원을 사모하는 마음을 주셨느니라 그러나 하나님이 하시는 일의 시종을 사람으로 측량할 수 없게 하셨도다"(전3:11)

Part 12

사유

PENSÉES

비로소 보이는
것이다

PENSÉES

274 너무 젊은 사람은 올바른 판단을 내릴 수 없다. 너무 나이 든 사람도 마찬가지다. 일에 대한 생각이 너무 적거나 너무 많아도 양쪽 모두 완고하게 되거나 광적이 된다. 자신의 일을 마친 후 바로 살핀다 해도 객관적으로 볼 수 없고, 오랜 후에 살핀다 해도 당시 느낌을 간직할 수 없다. 이는 마치 그림을 너무 가까이 또는 너무 멀리서 보는 것과 같다. 사실 그림을 보는 적당한 지점은 하나이며, 이 지점은 다른 지점과 대체될 수 없다. 그 외의 다른 지점은 너무 가깝거나 너무 멀거나 너무 높거나 너무 낮다. 그림의 경우에는 원근법이 그 지점을 결정할 수 있다.(진실과) 도덕성의 경우에는 어떻게 그것을 결정할 것인가? [381]

275 늘 앞으로 가는 것은 인간의 본성이 아니다. 인간의 본성은 앞으로 가다가 뒤로도 간다. 열병은 오한을 일으키거나 땀이 나게 한다. 오한은 열 자체가 그렇듯이 열의 높이를 나타내는 좋은 지표다. 여러 세대에 걸친 인간은 여러 가지 창의력을 이처럼 발휘해 나간다. 세상의 선과 악도 이와 마찬가지다. '변화는 항

상 위대한 사람을 만족시킨다.' ₃₅₄

276 두 얼굴이 닮았다. 각각의 모습은 전혀 재미있지 않다. 그
러나 그들을 나란히 놓고 보면 닮은꼴이 웃음이 터지게 한다. ₁₃₃

277 배를 책임질 자를 선택할 때 (선객) 중에서 집안이 좋은 자
를 택하지는 않는다. ₃₂₀

278 **공허함**

존경은 불쾌함을 참는 것을 의미한다. ₃₁₇ᵦ

279 **직업**

명예는 너무나 매력적이어서 죽음조차 이와 연결된다면 사랑할
수 있을 정도로 달콤하다. ₁₅₈

280 **두 개의 무한대**

의미. 우리는 너무 빨리 읽거나 너무 천천히 읽으면 아무것도 이
해하지 못한다. ₆₉

281 사소한 것이 우리를 위안하는 것은 사소한 것이 우리를 힘

들게 하기 때문이다. 136

282 양식

그들은* 당신**의 행위는 성실하지 않다거나 우리는 잠자고 있지 않다고밖에 말하지 않을 수 없다. 나는 이렇게 교만한 이성이 기가 죽고 애타는 모습을 얼마나 보고 싶었는지 모른다. 이는 그의 권리가 도전받고 그가 그것을 무력으로 지킬 때 하는 말이 아니기 때문이다. 그는 타인의 행동이 성실하지 않다는 것을 거침없이 말할 정도로 어리석지 않으나 불성실을 힘으로 응징하고자 한다. 388

283 불안정

사물은 다양한 종류가 있고, 영혼에도 다양한 성향이 있다. 어떠한 것도 영혼을 단순하게 나타내는 것은 없으며, 영혼도 어느 주제에 대해 단순하게 나타나지 않는다. 그것이 인간이 동일한 일에 대해 울기도 하고 웃기도 하는 이유다. 112

284 불안정한 것

인간관계는 일반적인 오르간을 다루는 것처럼 생각하면 된다.

---

* 스토아학파의 독단론자들.

** 회의론자.

사실상 인간은 오르간과 같으면서도 기묘하고 변덕스럽고 변화한다. 일반 오르간만 연주할 줄 아는 사람은 결코 이 오르간의 화음을 낼 수 없다. 기본음이 어디에 있는지를 알아야 한다. [111]

285 정의

유행에 따라 매력의 기준이 변하듯이 정의도 유행에 따라 기준이 세워진다. [309]

286 나의 것, 너의 것

'이 개는 내 것이다'라고 가난한 집 아이들이 말한다. '저곳은 내가 햇볕을 쬐는 곳이다'. 여기에 강탈의 근원이 있고 또한 그 축소판이기도 하다. [295]

287 다양성

신학 학문이다. 얼마나 다양한 학문인가! 인간은 실체인 동시에 인간을 해부한다면 머리, 심장, 위, 혈관, 각 기관, 각 핏줄, 피, 각각의 체액이 아닌가?

멀리 떨어진 마을이나 풍경은 그야말로 마을이고 풍경이다. 그러나 가까이 다가가면 그곳에는 집과 나무와 타일과 잎사귀와 잔디와 개미와 개미의 다리, 그 외에 무수한 것들이 존재한다.

그 모든 것들이 '풍경'이라는 이름 아래에 포함된다. 115

288 사랑의 원인과 결과를 생각해 보는 것 이상 인간의 허무함을 드러내기에 더 나은 것은 없다. 사랑은 온 우주를 바꿀 수 있기 때문이다. 클레오파트라의 코. 163-2

289 **태양의 흑점**[*]
우리는 항상 같은 결과가 일어나는 경우를 통해 자연의 필연성을 발견한다. 내일도 그것이 일어날 것이라고 예측하지만, 자연은 자주 우리를 기만하며 원칙을 따르지 않는 경우가 많다. 91

290 상상력은 작은 사물을 환상적인 감정에 의해 확대시켜 우리의 영혼을 가득 채운다. 또한 대단하게 오만을 부리는 과장된 것들을 실제의 규모로 축소시킨다. 하나님에 관해서 이야기할 때도 마찬가지다. 84

291 "그는 횃불로 대지를 비췄다."[**]
날씨와 내 기분 사이에 거의 연관성이 없다. 나의 내면에는 흐

---

[*] 파스칼이 흑점을 통해 당시 영속적이라 여겼던 태양의 소멸 가능성을 주장함.

[**] 몽테뉴 『수상록』 중에서

린 날과 맑은 날이 존재한다. 일의 성공과 실패조차 그것과는 거의 관련이 없다. 가끔 나는 내 운명을 거스르려 한다. 운명을 극복하는 영광에 사로잡혀 기쁨이 넘칠 때가 있는 반면, 일이 잘될 때 오히려 위태롭게 느끼기도 한다. 107

292 위대함과 비참함

인간은 깨우칠수록 더 많은 위대함과 비참함을 발견한다.

평범한 자.

교양있는 자, 즉 철학자들은 평범한 자들을 놀라게 한다.

그리스도인들. 이들은 철학자들을 놀라게 한다.

우리가 깨우치면 깨우칠수록 더욱 분명하게 인식하게 되는데, 오직 깊은 통찰을 주는 그리스도교를 깨닫고도 놀라지 않는 사람이 있을 수 있겠는가? 443

293 사물의 본질을 탐구하지 않고 살아가는 것이 무지한 맹목적이라면, 하나님을 믿지 않고 바르게 살아가지 않는 것은 무서운 맹목적이다. 495

294 허영은 인간의 마음에 견고하게 닻을 내려서 군인, 상인, 요리사, 짐꾼 등 저마다 자만하며 사람들에게 존경받기를 바란

다. 철학자들조차 존경을 받으려고 한다. 또한 존경을 거부하는 자들도 이를 잘 논하였다는 평판을 바라며, 반론을 읽는 자들 역시 그것을 읽었다는 영예를 누리길 바란다. 아마 이 글을 쓰는 나도 같은 것을 원하고 독자들도 마찬가지일 것이다. [150]

295 참된 행복을 찾다가 결실을 맺지 못한 채 피곤하고 지친 상태가 되는 것도 유익한 일이다. 이로 인해 우리는 구세주에게 팔을 뻗고자 할 것이기 때문이다. [422]

296 삶에서 중요한 것은 직업의 선택이지만 그것은 우연한 기회에 결정되는 경우가 많다. 관습은 우리를 벽돌공, 군인, 기와공으로 만든다. "그는 훌륭한 기와공이야"라고 하는 이가 있고, "그들은 완전히 미쳤어"라고 하거나 다른 사람들은, "전쟁처럼 위대한 것은 없어, 병사가 되지 않는 자는 쓸모없는 존재야"라고 말한다.

이렇듯 우리는 직업에 대해 칭찬하거나 멸시하는 말을 어린 시절부터 듣고 자라기 때문에 그에 따라 직업을 선택하게 된다. 인간은 태어나면서부터 덕을 사랑하고 어리석은 것을 미워한다.

말 한마디가 마음을 크게 움직이게 마련이다. 관습의 힘이 이렇게 대단하다. 자연은 단지 인간을 창조할 뿐이며 온갖 종류의 인

말 한마디가 마음을 크게 움직이게 마련이다.
관습의 힘이 이렇게 대단하다.

간은 인간 스스로 만들어내는 것이다. 어떤 지역은 벽돌공으로 가득하고, 어떤 지역은 군인으로 가득하다. 자연이 이렇게 균등하지 않다는 것은 의심의 여지가 없다. 그러므로 이 모든 것을 만든 것은 관습이다. 관습은 자연을 구속한다. 그러나 때로는 자연이 관습을 누르며 선하든 악하든 모든 관습에 반하여 인간을 그 본능 속에 끌어들이려고 한다. 97

297 우리의 본성은 움직임에 있다. 완전한 휴식은 죽음이다. 129

298 미통*은 인간의 본성이 타락했고, 인간은 완전과는 거리가 먼 존재라는 것을 너무나 잘 알고 있다. 그러나 어째서 그들이 그러한 상태를 초월할 수 없는지 그 이유를 모른다. 448)

299 위대한 자나 비천한 자나 동일하게 불행과 비통함과 욕망을 지니고 있다. 그러나 위대한 자는 바퀴의 가장자리에 있고, 비천한 자는 중심 가까이에 있다. 따라서 비천한 자는 동일한 움직임에도 단지 덜 흔들릴 뿐이다. 180

＊파스칼의 사교계 벗, 철저한 회의론자.

300 우리는 자신에 대해 생각처럼 많이 알지 못한다. 많은 사람들이 건강할 때에 죽어간다고 생각하는가 하면, 죽음의 문턱에서 잘 지내고 있다고 생각하며 고열이나 종양이 생겨나도 그것을 미처 느끼지 못한다. 175

301 위험이 없을 때는 죽음을 두려워하고, 위험이 있을 때는 죽음을 두려워하지 않는다. 인간이기 때문이다. 215

302 인간의 덕성은 노력에 의해서 평가될 것이 아니라 평상시 습관으로 평가되어야 한다. 352

303 사고는 위대한 인간을 만든다. 346

304 망원경은 초기 철학자들이 볼 수 없었던 얼마나 많은 별들을 우리에게 드러내 주었는가! 우리는 담담하게 성경을 들고 "겨우 1천 22개의 별*이 있을 뿐이네"라고 말하며 수많은 별들의 숫자를 제한하려 한다. 이 땅에는 풀이 있다. 우리는 풀이 자라는 것을 볼 수 있지만 달에서는 그것을 볼 수 없다. 이 풀에는 털이 있고 이 털에는 작은 생물이 있다. 그러나 그 이상은 아무것도

---

* 창 15:5, 렘 33:22.

없다.

– 얼마나 불손한 인간인가!

– 화합물은 여러 모양의 원소로 되어 있고 원소는 아무것으로도 이루어지지 않았다.

– 아, 얼마나 주제넘은 인간인가!

보이지 않는 것을 존재한다고 말할 수 없기에 다른 사람처럼 말하는 것은 상관없지만 그들처럼 생각할 필요는 없다. 266

305 우리는 자신의 삶이나 존재에 대해 만족하지 않는다. 타인의 시선 속에 상상을 불러일으키는 삶을 살기를 원하며, 그러한 인상을 주려고 노력한다. 우리는 항상 가공된 존재로서 스스로를 장식하고 유지하기를 원하며 참 자아를 등한시한다. 우리에게 조용하고 너그럽고 충직한 면이 있다면, 가공된 자신의 존재에 이러한 덕목들이 더하여 알려지길 바란다.

우리는 이러한 덕목들을 참 자아로부터 떼어내고, 가공된 존재와 결합고자 하며, 용감한 자로 불리기 위해서라면 기꺼이 비겁해지려고도 한다. 참된 자아에 만족하지 않고 이를 공허한 자아와 바꾸려는 것은 우리 자신이 허무한 존재임을 드러내는 것일 뿐이다. 결국 명예를 얻기 위해 죽지 않는 자는 누구나 불명예를 얻게 될 것이다. 147

306 시험하는 것과 오류로 이끄는 것은 큰 차이가 있다. 하나님은 인간을 시험하시지만 오류로 이끄시지는 않는다. 시험하는 것은, 하나님을 사랑하지 않는 우리를 향해 굳이 그럴 필요가 없는 상태에서 우리로 하여금(사실상 우리는 모르지만) 무언가 하도록 기회를 제공하는 것이다. 오류로 이끄는 것은 인간에게 잘못된 것을 결정하게 하고 불가피하게 따르도록 우리를 몰아세우는 것이다. 821

307 인간이 항상 참 하나님에 대해 말했거나, 참 하나님이 인간에 대해 말씀하였거나 둘 중에 하나다. 807

308 무신론자들

그들은 무슨 근거로 인간이 부활할 수 없다고 말하는 것인가? 탄생하는 것과 부활하는 것, 전에 없던 것이 있는 것과, 아니면 전에 있던 것이 다시 있는 것 중 어느 것이 더 어려운가? 전에 없던 것이 새롭게 존재하는 것이 더 어려운 일이 아닌가? 습관으로 인해 우리는 전에 없던 것이 있는 일을 쉽게 여기고, 전에 있던 것이 다시 있는 일을 불가능한 일로 여긴다.

판단을 위한 쉬운 길!

왜 처녀가 잉태할 수 없는가? 암탉은 수탉이 없어도 알을 낳지 않는가? 외관상으로 그 달걀을 구분할 수 있는가? 암탉이 수탉처럼 씨를 형성할 수 없다고 말할 수 있을 것인가? 222

309 생각
우리의 상태가 진정 행복하다면, 스스로 행복하게 하기 위해 마음의 휴식을 가지려 하지 않을 것이다. 165

310 미신과 정욕
양심의 가책, 잘못된 욕망.

잘못된 두려움.

하나님을 믿음으로 오는 것이 아니라 하나님의 존재를 의심하는 것으로부터 오는 두려움. 올바른 두려움은 믿음으로부터 온다. 잘못된 두려움은 의심에서 온다. 올바른 두려움은 소망과 연결된다. 소망은 믿음이 낳는다. 하나님 안에서 갖는 소망은 믿는 자에게 주시는 것이다. 잘못된 두려움은 절망과 연결되며 이는 하나님에 대한 그의 믿음 안에 있지 않는 것이다. 어떤 자는 하나님을 잃는 것을 두려워하고, 어떤 자는 하나님을 발견하는 것을 두려워한다. 262

311 경건을 실천하는 데 있어서 처음에는 고통이 따른다는 것

은 사실이다. 그러나 이 고통은 우리의 내면에 있는 경건함에 의한 것이 아니라 오히려 우리 안에 아직 남아 있는 불경건함에 의한 것이다. 우리의 마음이 회개에 거스르지 않고, 우리의 부패가 하나님의 순수를 거스르지 않는다면 아무런 고통이 없을 것이다. 우리는 태어날 때부터 지닌 악함이 초자연적 은혜에 저항하는 만큼 고통당할 뿐이다. 우리의 마음은 이러한 상반된 힘에 의해 갈라지는 듯하다.

그러나 하나님께 이 모든 책임을 전가하는 것은 부당하다. 하나님은 우리를 세상으로부터 끌어내어 그분에게로 이끄신다. 마치 어머니가 자녀를 강도의 팔에서 끌어내는 것과 같다. 잠시 고통이 느껴지더라도 구세주의 정당한 사랑의 힘을 기쁘게 여겨야 한다. 그리고 악한 자의 해롭고 강압적인 힘은 미워해야 한다. 삶 가운데 하나님이 인간에게 지우신 가장 잔인한 짐은 우리가 가져온 전쟁을 치르지 않고 남겨둔 채 떠나는 것이다.

"내가 세상에 화평을 주러 온 줄로 생각하지 말라 화평이 아니요 검을 주러 왔노라"(마 10:34)

그분이 말했다.

"내가 불을 땅에 던지러 왔노니…"(눅 12:49)

그분이 오시기 전에 세상은 거짓된 평화 가운데 살아왔다. 498

312 외적인 사역

하나님과 인간을 기쁘게 하는 것만큼 위험한 것은 없다. 하나님과 인간을 모두 기쁘게 하는 상태는 하나님을 기쁘시게 하는 요소와 인간을 기쁘게 하는 다른 요소를 지니고 있는 것이기 때문이다. 그것은 테레사 수녀의 위대함 같은 것이다.

하나님을 기쁘시게 하는 것은 그녀가 계시를 받았을 때의 심오한 겸손이며, 인간을 만족하게 한 것은 그녀의 지혜. 그래서 사람들은 그녀를 본받으려고 그녀의 말을 따르려고 애를 쓴다. 결국 하나님이 사랑하시는 것을 사랑하여 하나님이 사랑하시는 상태에 우리를 이르도록 하려는 것이다.

금식을 하지 않고도 겸손해질 수 있다면 금식을 하고 자기 만족을 하는 것보다 낫다.

바리새인, 세리.

무언가를 기억하는 것이 이롭기도 하고 해롭기도 하다면, 모든 것이 하나님의 은혜에 달려 있다면, 그것을 기억하는 것이 무슨 소용이 있겠는가? 하나님은 원칙과 방식대로 당신을 위하는 대상을 축복하신다. 어떤 일이 행하여지는 방식은 일을 행하는 대상만큼 중요하며, 그 이상이기도 하다. 하나님은 악으로부터 선을 끌어내시지만, 하나님이 없는 상태의 인간이 악으로부터 선을 끌어낼 수 있는가? [499]

313 하나님은 왜 기도하게 하셨는가?

1. 피조물에게 인과관계의 존엄성을 알리기 위해.

2. 누구로부터 덕을 얻는지 가르치기 위해.

3. 노력을 통해 다른 덕을 얻게 하기 위해.

하나님의 주권을 지키시기 위하여 그분이 기뻐하시는 자에게 기도의 선물을 주신다.

반대: 그러나 인간은 기도가 자기 자신의 능력으로 여긴다.

그것은 이유가 되지 않는다. 믿음이 있더라도 덕이 없을 수 있다. 그러면 우리가 어떻게 믿음을 가질 수 있는가? 믿음과 덕 사이의 거리보다 믿음과 불신앙 사이의 거리가 더 멀지 않은가?

'가치가 있다' 이 단어는 모호하다.

그는 구세주를 가질 자격이 있다.

그는 그런 거룩한 지체에 접촉할 만하다.

거룩한 지체에 접촉할 자격.

주여, 나는 감당하지 못하겠나이다.(눅 7:6)

분별하지 못하고 먹고 마시는 자.(고전 11:29)

주 하나님이여, 영광과 존귀와 권능을 받으시는 것이 합당하오니(계 4:11) 나를 유익하게 하소서.

하나님만이 그분의 약속에 따라 주신다.

그분은 기도에 합당하게 응답하실 것을 약속하셨지만, 약속의 자녀들에게만 이 기도의 약속을 주셨다.

아우구스티누스는 의인이 능력을 빼앗길 것이라고 선포했다. 그는 우연히 그 말을 했을 뿐이다. 그런 기회는 오지 않을 수도 있다. 그러나 원칙적으로 그에게 기회가 주어질 때 그에 대해, 또는 그 반대에 대한 것들을 명확히 해야 했다. 그러므로 우연한 기회에 그것을 말한 것이라기 보다 기회가 왔을 때 의무를 행한 셈이다. 전자는 우연이고, 후자는 필연이다. 인간은 이 두 가지의 경우만을 구할 수밖에 없다. [513]

314 사물에는 세 가지 질서가 있다. 육체, 정신, 의지다. 육체적인 사람은 부자나 왕이다. 그들은 육체에 관심이 있다. 탐구자와 학자, 그들은 정신에 관심이 있다. 지혜자, 그들은 정의에 관심이 있다. 하나님은 모든 것을 지배하시고 모든 것은 하나님께로 귀결된다. 육체적인 일은 정욕이 지배한다. 정신적인 일은 호기심이 지배한다. 지혜는 교만이 지배한다. 사람이 부와 지식으로 영화로울 수 없다는 것이 아니라, 그것은 다만 교만을 위한 자리가 아닐 뿐이다. 어떤 자를 학자로 인정하고자 할 때에 그가 교만을 부린다면 끝까지 그가 틀렸다고 증명해야 한다. 교만의 유일한 자리는 지혜다. 당신이 어떤 자가 지혜롭다고 인정하면서 그 사람이 스스로 영광스럽게 생각하고 있는 것을 틀렸다고

할 수 없다.

하나님만이 오직 지혜를 주신다. 그 이유는 이것이다.

　"자랑하는 자는 주 안에서 자랑할지니라"(고후 10:17) 460

315 대화를 통한 순서

"무엇을 해야 할까? 모든 것이 혼란스러울 뿐이다."

"나 자신이 무가치하다고 생각해야 할까? 나 자신을 하나님이라고 믿는 것이 유익한가? 모든 사물이 변하고 순차적으로 일어난다."227

316 모순

인간의 비열함과 위대함이 드러난 후, 비로소 인간은 자신의 가치를 올바르게 알게 된다. 인간은 자기 자신을 사랑하고자 한다. 인간의 내면에는 선을 행할 수 있는 본성이 있지만, 자기 안에 있는 비열함까지 사랑해서는 안 된다. 인간은 자기 자신을 증오해야만 한다. 선을 행할 수 있는 능력은 공허한 것이기 때문이다. 그렇다고 해서 태어나면서부터 가진 능력을 증오할 것은 아니다. 인간은 자기를 증오하는 것이 좋다. 또한 자기를 사랑해야할 것이다. 인간은 진리를 깨달을 수 있고, 행복할 수도 있는 능력을 가지고 있다. 그러나 그는 안정되고 만족할 만한 진리를 조금도 지니고 있지 않다.

그러므로 나는 인간으로 하여금 진리를 발견하는 소망을 갖도록 돕고 싶다. 나는 인간의 지식이 정욕에 의해 얼마나 희미해져 있는가를 알고 있으므로 진리를 찾을 수 있는 곳에서 진리를 찾도록 예비하게 하여 정욕으로부터 벗어나게 하고 싶다. 나는 인간이 의사 결정을 좌우하게 하는 정욕을 미워하기를 바란다. 어떤 결정을 할 때 정욕이 그를 맹목적으로 만든다거나 최종 선택 후에 정욕이 다시 그의 행동을 멈추지 않도록 하기 위해서다. ₄₂₃

317 예수 그리스도 없이 신을 갖는 철학자에 반대하여

철학자들. 그들은 하나님만이 사랑과 경배를 받을 자격이 있다고 믿는다. 한편으로는 그들 자신이 사람들의 사랑과 경배를 받고자 하는 욕망이 있다. 그들은 자신들의 타락을 깨닫지 못하고 있다. 하나님을 사랑하고 경배하는 감정이 가득 차오르는 것을 느끼며, 무엇보다 그러한 감정을 큰 기쁨으로 여긴다면 자신을 선한 인간으로 여겨도 될 것이다.

그러나 사람들로 하여금 특별히 강요하지는 않으면서 철학자들을 사랑하는데 행복이 있다고 여기도록 하는 일을 궁극적인 목표로 삼는다면, 그 목표야말로 끔찍한 것이라고 말하고 싶다. 그들은 자신들은 하나님을 알고 있으면서도 사람들이 하나님을 사랑하는 것보다 자신들이 바라는 일에 만족하기를 바란다. 결국 그들은 자기들이 사람들이 갈망하는 행복의 대상이 되길 원하고 있는 것이다. ₄₆₃

318 철학자들

우리의 마음 안에는 자기 자신을 외부로 몰아내는 것들이 가득하다. 본능적으로 행복을 외부에서 찾아야 한다고 여긴다. 특별히 외부에 어떤 대상이 나타나 열정을 자극한 것도 아닌데, 열정에 의해서 밖으로 밀려나간다. 외부의 대상은, 그것을 생각하지 않을 때에도 우리를 유인한다. 그렇기 때문에 철학자들이 "네 자신의 속으로 몸을 던져라. 그러면 거기에서 행복을 발견할 것이다"라고 하더라도 아무 소용이 없는 것이다. 사람들은 철학자들이 말하는 것을 믿지 않는다. 그런 것을 믿는 것은 빈털터리나 어리석은 사람들뿐이다. ₄₆₄

319 매일 밤 같은 꿈을 꾼다면, 낮에 하는 일과 마찬가지로 우리에게 영향을 미칠 것이다. 장인이 매일 밤 열두 시간 동안 왕이 되는 꿈을 꾼다고 하면, 그는 매일 열두 시간 동안 장인이 되는 꿈을 꾸는 왕처럼 행복하다고 여길 것이다.

우리가 밤마다 적에게 쫓기거나, 그러한 환상 때문에 고민한다거나 또는 여행을 하고 있는 것처럼 매일 밤 분주한 꿈을 꾼다면, 우리는 그것을 실제로 벌어지는 일처럼 괴로워할 것이며, 마치 현실에서 그러한 불행에 빠지지 않을지 염려하여 깨어나는 것을 두려워하는 것만큼 잠드는 것을 두려워할 것이다. 그렇게 된다면 이는 현실과도 같은 고통을 줄 것이다.

그러나 꿈은 저마다 다르고, 같은 꿈이라도 여러 가지로 변하기 때문에 꿈은 현실만큼이나 인간의 마음에 영향을 주지 못한다. 깨어 있을 때 보는 것은 연속성이 있다. 이는 절대 변화하지 않을 만큼 연속적이거나 균형이 있어서가 아니라, 가끔 여행할 때처럼 급격한 변화를 거의 일으키지 않기 때문이다. 그래서 사람은 변화가 있을 때마다 마치 꿈을 꾸는 것 같다고 한다. 결국 인생 역시 변화가 적은 꿈에 불과하다. [386]

320 오직 이성에 의해 모든 것을 따르는 불신자들은 특별히 합리성을 가질 필요가 있다. 그들에 의하면 다음과 같은 주장이 나와야 한다.

"동물이 살고 죽는 것처럼 인간도 그러하며, 이슬람교도가 살고 죽는 것처럼 그리스도인도 다 마찬가지 아닌가? 그들도 인간과 마찬가지로 그들만의 의식, 선지자, 의사, 성인 그리고 종교생활 등이 있는 것 아닌가?"

당신이 진리에 대해 관심이 없다면 그저 평화롭게 내버려 둘 수도 있을지 모르겠다. 그러나 당신이 진심으로 진리를 알고자 한다면 그것을 자세히 보아야 한다. 철학적 탐구를 위해서일 수도 있지만, 여기에 모든 위기가 존재하는 것일 수도 있기 때문이다. 우리가 연구하는 것이 피상적일 수도 있다. 그러나 이 신앙을 통해서 반추해 봄으로써 비록 명확하지 않을지라도 무언가 배우는 것이 있을 것이다. 226

321 지식의 공허함

물리학적 지식은 내가 고난 중에 있을 때 도덕성의 결핍으로 인하여 나를 위로하지 못한다. 그러나 윤리학적 지식은 물리학적 지식에 대한 무지 덕분에 언제나 나를 위로한다. 67

322 너무 지나치거나 너무 적은 술

술을 전혀 마시지 않았더라도 그는 진리를 발견할 수 없었을 것이고, 너무 많이 권했어도 마찬가지다. 71

323 인간은 공이나 토끼를 쫓는데 시간을 허비한다. 왕조차도 그것을 즐길 때가 있다. 141

324 그림이란 것이 얼마나 헛된 것인가? 실물과 똑같이 그린 그림을 보고 사람들은 감탄한다. 그런데 정작 실물 그 자체에는 감탄하지 않는다. 134

325 전쟁을 해서 그 많은 생명을 죽여야 할 것인가 말 것인가, 그 많은 스페인 사람들을 사형에 처해야 할 것인가 말 것인가를 결정해야 할 때 결정하는 사람은 단 한 사람뿐이며, 그 일에 이 해관계가 있는 사람이다. 그러나 그것은 관계가 없는 제 3자가 한다. 296

326 **참된 정의**
우리에겐 더 이상 참된 정의가 없다. 그것이 있다면 자기 나라의 관습을 따르는 것을 정의의 원칙으로 삼지는 않았을 것이다. 그래서 인간은 정의를 찾을 수 없을 때 권력을 찾게 된다. 297

327 **원인과 결과**
비단옷으로 치장하고 일곱 여덟 명의 하인을 동반한 사람에게 존경을 표하지 않아도 좋다는 것은 매우 유쾌한 일임에 틀림없 다! 그러나 그에게 고개를 숙이지 않으면 그는 나를 호되게 칠지 도 모른다. 그의 옷은 권력을 나타낸다. 다른 말보다 멋진 안장을 한 말도 마찬가지다. 몽테뉴가 그런 차이점을 보지 못하고 다른 사람들의 태도에 의아해 하며 이유를 물었다는 것은 우스운 일이다.[*] 도대체 무슨 일이 일어난 것인지를 많은 입을 통해 듣게 된다는 것은…. 315

328 원인과 결과

그렇다면 모든 사람이 환상의 피해자라는 것이 사실이다. 보통 사람들의 의견은 그다지 지적이지 않으며, 그들은 진리가 없는 곳에 진리가 있다고 믿는다. 그들은 진리가 있다고 여기지만, 이는 그들의 생각에서 나온 것이 아니다. 상류사회가 존경받는 것은 명확한 사실이다. 그러나 사실상 상류사회에 태어난 것이 사람의 가치를 결정하지는 않는다. 335

329 원인과 결과

정욕과 힘은 모든 행위의 근원이다. 정욕은 자발적 행위를 부르고 힘은 비자발적 행위를 부른다. 334

330 손이나 발, 혹은 머리가 없는 사람은 상상할 수 있다. 머리가 발보다 더 중요한 것은 경험적으로 알 수 있지만, 생각이 없는

---

[*] 몽테뉴 『수상록』 중에서

인간은 상상할 수 없다. 있다면 그는 돌이나 짐승일 것이다. ₃₃₉

331 이성뿐만 아니라 마음을 통해서 진리를 안다. 우리는 마음을 통해서 기본적 원리를 알게 된다. 그러므로 아무 관련이 없는 이성이 진리를 반박하는 것은 헛된 일이다. 반박하는 일이 유일한 목표인 회의주의자들 역시 헛되이 수고할 뿐이다. 우리는 우리가 꿈꾸는 상태가 아니라는 것을 안다. 진리를 이성적으로 증명하지 못하는 무능력은 이성의 연약함을 증명할 뿐이며, 우리가 지닌 모든 지식의 불확실성을 증명하지는 않는다.

공간, 시간, 움직임, 숫자와 같은 일차적 원리들에 관한 인식은 이성을 통한 그 어떤 인식보다도 견고하다. 그것은 마음과 본능에서 나오는 지식들을 바탕으로 하며 이성은 그의 논쟁에 의지하고 기초한다.

마음은 공간에 세 가지 차원이 있다는 것과 숫자에 무한한 연속이 있음을 느낀다. 이성은 어떤 수의 두 배가 되는 제곱은 없다는 것을 증명하려 한다. 원리는 직감으로 알게 되고, 전제는 추론을 통해 증명된다. 양자는 서로 다른 방법을 통해 확신을 얻는다. 이성이 마음에게 기본적 원리들을 이해하기 위한 증거들을 요구하는 것은 마치 마음이 이성에게 이성이 증거하는 모든 전제를 직관할 수 있도록 요구하는 것과 같이 의미없고 부질없다. 그러므로 우리의 무능력은 언제나 모든 것을 판단하려고 하는 이성이 겸손하게 쓰이도록 하는 데만 사용되어져야 한다. 또한 이성을 마치 우리가 배울 수 있는 유일한 길인 것처럼 확실성을 요구하는 데 사용해서는 안 된다! 반대로 하나님에 대해 우리는 본능과 마음으로써 필요를 느끼고 알고자 한 적이 있는가! 그러나 자연은 우리가 이러한 축복을 누리는 것을 거부했고, 대신에 이러한 인식을 아주 조금만 주었다. 그 외의 다른 지식은 오직 이성으로만 얻을 수 있다.

하나님이 그 마음을 움직여 믿음을 갖게 된 자들은 행운아이며 그들은 자신의 믿음에 상당한 확신을 느끼게 된다. 그러나 믿음이 없는 자들은 하나님이 그들의 마음을 움직이실 때까지 오직 이성을 통한 믿음을 지닐 수 있다. 하나님이 마음을 움직여 얻지 않은 믿음은 단지 인간적인 것이며 영혼의 구원에 무익하다. [282]

332 인간의 위대함보다 인간이 얼마나 짐승과도 같은지를 지나치게 말하는 것은 위험하다. 또한 그의 비열함보다 위대함을 지나치게 말하는 것도 위험한 일이다. 양쪽 모두 알지 못하는 것 역시 위험한 일이다. 그러나 인간에게 그 양면을 모두 보여주는 것은 대단히 유익한 일이다. 인간은 자기 자신이 짐승과 같다거나 천사들과 같다고 믿어서는 안 되지만, 그러한 인식이 전혀 없

어도 안 되며, 양쪽 다 알아야 한다. ₄₁₈

333 인간은 그 정욕에도 불구하고 위대하다. 그는 그 욕망으로부터 놀라운 체제를 운영하며 참된 자비의 형상으로 만든다. 402

334 아버지들은 자녀들이 본성적인 사랑을 잃지 않을까 염려한다. 그렇다면 그것을 잃게 하는 본성이란 무엇인가? 습관은 제1의 본성을 파괴하는 제2의 본성이다. 그러나 본성이 무엇인가? 습관은 왜 본성 자체가 아닌가? 본성 그 자체가 제1의 습관이고, 습관은 제2의 본성이라고 여기는 것이 염려스럽다. 93

335 정욕의 세 가지 형태는 세 가지 학파를 만들어 냈고, 철학자들이 이루어낸 모든 것은 이러한 정욕의 세 가지 형태 중 하나를 따르는 것이다. 461

336 **스토아학파**

그들은 인간이 가끔 할 수 있는 일은 언제나 할 수 있는 일이고, 명예 욕구는 무슨 일이든 해낼 수 있게 한다고 생각한다. 이러한 욕구는 건강한 자는 흉내낼 수 없는 열병 같은 행동이다. 에픽테

---

* Stoicism | 그리스 로마 철학을 대표하는 주요 학파. 유물론과 범신론적 관점에서 금욕과 평정을 행함.

토스*는 확고한 믿음을 가진 그리스도인들을 보면서 누구나 쉽게 그렇게 될 수 있다고 결론짓는다. 350

337 최고의 선

최고의 선에 대해 논해 보자.

'네 자신과 네 안에 타고난 선한 것들에 만족하는 것이 좋다.'

여기에 약간의 모순이 있다. 그들은 결론적으로 스스로를 죽이는 것에 대해 권고하는 것이기 때문이다. 오, 전염병의 위험에서 빠져나오듯 자신을 벗어나려는 이 인생은 얼마나 행복한가! 361

338 인식할 수 있는 존재만이 비참해질 수 있다. 파괴된 집이 비참한 것이 아니다. 오직 인간만이 비참하다.

"나는…깨닫는 사람이다" 399

339 은혜가 하나님께서 숨어계실 때 우리를 구원할 만큼 위대한 것이라면, 하나님께서 스스로를 드러내실 때 어떤 깨달음인들 기대하지 못하겠는가? 848

340 영원한 존재는 한 번 존재함으로 영원히 존재한다. 559-1

---

* 세네카(Seneca), 아우렐리우스(Aurelius)와 함께 대표적인 후기 스토아 철학자.

341 "가이사 외에는 우리에게 왕이 없나이다"(요 19:15) 721

342 타락한 본성

이성은 인간을 이루고 있는 본성이다.

인간은 이성에 따라 행동하지 않는다. 439

QT

소망의 빛

하나님이 존재하며, 인간은 그 하나님의 사랑을 받을 수 있다. 그러나 인간의 죄악이 그 은혜를 받을 자격을 빼앗아갔다. 따라서 죄인된 자신의 비참함을 아는 것은 하나님의 은혜를 구하기 위한 최소한의 조건이다.

그러나 신의 존재를 부정하며 자신의 비참함만을 안다면, 그 또한 인간을 극복할 수 없는 절망 속에 빠뜨린다. 철저하게 무너진 자신의 모습 가운데 예수 그리스도의 구속사를 인정할 때 은혜의 역사가 일어난다.

파스칼은 회심의 사건을 통해 철저하게 자신을 깨뜨렸다. 자신이 속한 사회 속에서 자신이 갖은 지위와 명예와 부와 권력이 얼마나 부질없는 것인가를 깨달았다.

눈에 보이는 사회제도와 다양한 문화와 오락이 인간의 눈을 멀게 하고 진리에서 멀어지게 한다는 것을 알았다. 세상으로부터 눈을 감아야 비로소 참된 진리가 보이기 시작함을 알았다. 인간의 본성을 이루는 이성과 감성의 메카니즘을 깨닫고 마음속 깊은 곳에서 울려나오는 소리에 귀를 기울였다.

어둠 가운데서 작은 빛이 희미하게 떠오르고, 그것이 인간 존재가 갈구하는 소망의 빛임을 알았다. 그 빛은 어두운 터널 가운데 저 멀리에서 보이는 빛이 아니라, 어둠 속 바로 그 자리를 밝히는 빛임을 알았다. 그것은 진리이며 빛이었다. 그리고 예수 그리스도 바로 그분임을 알았다.

"나는 빛으로 세상에 왔나니 무릇 나를 믿는 자로 어둠에 거하지 않게 하려 함이로라"(요 12:46)

파스칼의
약력

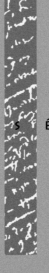

PENSÉES

블레즈 파스칼의 약력

1623년 프랑스 오베르뉴 주 클레르몽에서 6월 19일 세무관인 아버지 에트 엔 파스칼(Etienne Pascal)과 어머니 앙투아네트 베공(Antoinette Begon) 사이에서 출생.

1620년 누나 질베르트 출생.

1625년 누이동생 자클린 출생.

1626년 3세 때 어머니를 여읨.

1631년 8세 때 가족이 자녀 교육을 위하여 파리로 이주.

1635년 유크리드 제 32명제의 해답을 발견.

1635년 과학자 모임 메르센(Mersenne)아카데미에 출입.

1638년 아버지 에티엔이 시청의 연금 지불과 관련된 항의 시위에 가담한 후 오베르뉴로 피신.

1639년 여동생 자클린이 리슐리외 재상 앞에서 공연된 연극에 출연하여 아 버지의 사면을 얻어냄. 그 후 그가 루앙시 행정관으로 임명되어 가 족이 루앙으로 이주. 파스칼은 『원뿔곡선론(Essai pour les Coniques)』 완성.

1641년 누나 질베르트가 클레르몽 조세 재판소의 법률 고문 플로랭 페리에 와 결혼.

1642년~1645년 계산기 제작에 전념하여 마침내 성공.

1646년 파스칼의 회심에 이어서 파스칼 일가가 회심함. 물리학자 장 피에 르 프티와 함께 루앙에서 진공에 관한 토리첼리 시험.

1647년 이신론적 경향의 생 탕주(Sieur de Saint-Ange)와 논쟁, 6월 지병의 악화로 파리로 돌아옴. 문병 온 데카르트를 두 차례 대면. 파스칼의 부탁으로 플로랭 페리가 대기의 압력에 관한 실험을 시행하여 그 결과를 〈진공에 관한 새 실험〉에서 발표. 노엘 신부와 일련의 논쟁을 벌임.

1648년 〈액체 평형에 관한 대실험담〉을 발표.

1649년 5월에 프롱드의 난을 피하여 가족이 클레르몽으로 피신하였다가 다음해 9월에 파리로 돌아옴.

1651년 아버지 에티엔의 죽음. 이후 페리에 부부에게 아버지의 죽음에 대해 다분히 종교적인 위로의 편지를 작성.

1652년 여동생 자클린이 파스칼의 반대를 무릅쓰고 포르루아얄 수도원에 입적.

1653년 5월에 파리로 돌아옴. 6월에 자클린이 포르루아얄에서 수녀로 입적. 9월에 파스칼은 로안네 공과 푸아투 지방을 여행함. 『유체 평형론』, 『대기 압력론』을 저술(이것들은 유작으로 1663년에 출판된다).

1654년 『수삼각형론』을 저술(유작으로 1665년에 출판된다). 11월 23일에 제2의 회심. 파스칼은 이때의 체험을 양피지에 기록하여 죽을 때가지 몸에 지님.

1655년 『드 사시와의 대화- 종교와 철학에 대하여 대화』를 나눔. 『그리스도의 생애 약전』, 『기하학적 정신』을 썼다고 추정함.

1656년 얀센주의자들에 대한 예수회의 비난이 점차 격화하여 아르노와 얀센주의자들을 위하여 변론하는 『시골 친구에게 쓴 편지』, 일명 '프로뱅시알'을 1956년 1월부터 이듬해 3월까지 18편을 발표.

3월 24일에 포르루아얄에서 파스칼의 조카 마르그리트 페리에가 예수의 가시관에 손을 대고 한 여인의 난치성 눈병이 치료되는 '가시관의 기적' 체험함.

1657년 '5개 명제'을 비난하는 교황 알렉산더 7세의 교서가 프랑스 국왕에게 전달되어 성직자 총회에서 반 얀센주의자 선언문에 모든 성직자들이 서명할 것을 촉구.

1658년 시클로이드에 관한 문제로 현상 공모을 준비. 구상 중인 『그리스도교 변증론』의 개요를 포르루아얄에서 강연.

1659년 급격한 건강 악화. 이 무렵 『개종을 위한 기도(Prayer for conversion)』가 씌어진 것으로 봄.

1660년 5월에서 9월까지 비앙 아시에 있는 질베르트의 집에 머뭄. 10월에 〈귀족 신분에 관한 세 논문〉을 집필.

1661년 2월 공의회는 얀센의 '5개 명제'를 규탄한 1657년의 '선언문'에 모든 성직자가 서명할 것을 재결의함. 8월에 〈제문집〉을 발표. 10월 4일에 여동생 자클린의 임종. 서명에 동의한 아르노, 니콜 등과 대립함.

1662년 8월 19일 3월 21일 파스칼이 고안한 최초의 대중교통 수단인 승합마차가 파리 시내 운행. 6월 29일 병세의 악화로 질베르트의 집으로 거처를 이주. 8월 19일 오전 1시에 39세로 일생을 마침.

1670년 1667년부터 준비해 오던 파스칼의 유고 출판이 성사되어 1월 2일에 에티엔 페리에가 서문을 쓴 『종교 및 기타 주제에 관한 파스칼의 사상(Pensees de M. Pascal sur la religion et sur quelques autres sujets)』이 출간됨. 이는 파스칼의 『팡세(Pensees)』 초판본임.